똑똑한 소비는 있다

착한 소비는 없다

최원형 지음

자연과생태

이스터섬은
과거일까, 미래일까

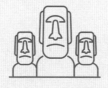

과학과 기술로 복원한 이스터섬의 과거는 놀라웠습니다. 사람들이 생각했던 바와 달리 섬은 한때 비옥했으며 다양한 나무가 어우러진 숲이 있었던 겁니다. 섬 주민들은 야자나무를 비롯한 나무들로 크고 튼튼한 카누를 만들어 타고 바다로 나가 참돌고래를 잡았습니다. 패총에서 발굴된 척추동물 뼈 가운데 참돌고래 뼈가 대략 1/3이나 됐습니다. 섬 주변에서 볼 수 있는 가장 큰 동물을 잡아먹고 살았다는 말이지요. 나무는 거대한 석상을 옮기고 세우는 데에 필요한 밧줄과 목재로도 쓰였고요. 그 밖에도 나무의 쓰임새는 많았습니다. 땔감으로도 사용됐고 시신을 화장하는 데에도 쓰였습니다.

이스터섬 주민들은 나무를 베어 쓸 줄만 알았지 지속 가능성은 생각하지 못했던 것 같습니다. 주민들이 카누를 만들고 석상을 옮기고 땔감으로 써 버리는 사이 숲은 빠르게 줄어들었습니다. 결국 15세기 이스터섬에서는 숲이 사라졌습니다. 숲이 사라진 데에는 굶주린 쥐들이 야자나무 열매를 먹어 치운 것, 나무 번식을 돕던 새들이 사라진 것도 영향을 미쳤습니다. 이어진 그물코가 하나둘씩 빠지면서 생태계가 망가져 버린 겁니다.

쓰레기 더미에서 참돌고래 뼈가 발견되지 않은 시

점이 야자나무가 사라진 시점과 맞아떨어집니다. 배를 만들 나무가 없으니 고래를 어떻게 잡을 수 있었을까요. 숲이 사라지면서 개울과 샘도 말라 버렸습니다. 비와 바람에 토양이 침식되고 양분은 바람에 날리며 급격하게 불모지가 됐습니다. 농작물 생산량이 줄어드는 건 너무도 당연했습니다. 더욱 놀라운 사실은 고래 뼈가 사라지면서 쓰레기 더미에서 사람 뼈가 발견됐다는 겁니다. 먹을거리가 부족해지자 급기야 가장 큰 고깃덩어리인 사람에게로 눈을 돌리기 시작했다는 거지요.

　이스터섬 주민들의 삶을 들여다보면 어리석기 그지없습니다. 어떻게 저리도 아둔했을까 끌탕을 하다가 그 모습이 지금 우리와 무척 닮았다는 생각에 이르자 가슴이 철렁 내려앉습니다. 값싼 팜유를 얻으려, 고기를 얻으려, 더 많은 자원에 대한 갈망으로 숲을 불태우는 일에 거리낌이 없는 우리 모습을 봅니다. 공동의 집인 지구의 환경이나 미래 세대에 대한 배려는 보이지 않습니다.

　이스터섬과 같은 길을 가지 않으려면 숲을 바라보는 관점에 변화가 생겨야겠습니다. 아니 오늘만 살 것처럼 소비하는 삶에 큰 전환이 있어야 합니다. 인류 역사상 그 어느 때보다 우리는 많은 구조물을 세우고 물건을 만

들어 냅니다. 공급이 수요를 완전히 앞질러 버린 시대를 살고 있는 거지요. 자연은 영원히 이용 가능하고 풍부하며 관대하리라 전제하고, 그 누구도 자원 고갈을 염려하지 않으며 쓰레기의 행방을 알려 하지 않습니다. 그러나 한정된 공간인 지구에서 이런 가정은 터무니없습니다.

우리에게는 소비 방식, 나아가 우리 삶 전체에 대한 통찰이 절실합니다. 지금 이 환경은 미래 세대가 이어 살아가야 할 공간이기 때문입니다. 소비한다는 건 지구에 있는 무엇인가를 쉼 없이 착취할 수밖에 없는 구조입니다. 그러니 착한 소비란 있을 수 없습니다. 다만 최소한의 소비로 비틀어진 구조가 다시 회복되고 순환할 시간이 필요합니다. 이스터섬이 그저 안타까운 과거로 남을지 다시 반복되는 미래일지는 이제 우리가 어떻게 소비하며 살아가느냐에 달려 있지 않을까요?

2020년 10월
최원형

상품 소비

에너지
소비

마음
소비

자연
소비

상품

소비

산타는
일 년에
한 번으로
족하다

침대에 장을 보는 마트가 열리고 한밤중에 주문해도 아침이면 현관문 앞에 배달되는 세상을 살고 있습니다. 한국통합물류협회는 2019년 한 해 동안 택배 물량을 27억 9,000만 개로, 1인당 택배 이용 횟수는 연 53.8회로 집계했습니다. 국내 새벽 배송 시장 규모는 2015년 100억 원에서 2019년 업계 추산 8,000억 원대로 성장, 4년 사이에 80배 성장했습니다. 오프라인 매장은 이제 활로를 잃고 온라인 매장으로 소비자가 몰리는 추세라 합니다. 온라인 시장이 급속히 확장되니 그에 따라 택배도 증가할 수밖에요. 코로나19 영향으로 온라인 시장 성장세는 훨씬 가파르게 상승하고 있습니다.

온라인 쇼핑 덕분에 물건을 사러 어딘가로 나서야 하는 번거로움이 사라졌습니다. 꽉 막힌 도로에서 오도 가도 못하며 스트레스 받을 일도, 쇼핑센터 주차장에서 주차할 곳을 찾느라 뺑뺑 돌 필요도 없습니다. 무겁게 짐을 실어 나를 필요도 없습니다. 그저 클릭 몇 번이면 내가 원하는 물건을 내 집 앞에 가져다주니 얼마나 편한가요. 빠른 배송도 온라인 쇼핑의 장점입니다. 일어나는 욕망을 즉시 충족시킬 수 있으니, 얼마나 편해진 세상인가요. 그런데 과연 장점만 있을까요?

배달되는 모든 물건은 결코 혼자 오지 않습니다. 물건을 감싸는 포장재와 함께 옵니다. 파손 우려가 있는 물건은 일명 뽁뽁이라 불리는 완충재가 함께 오고 육류나 신선 식품은 상하지 않도록 보냉재와 함께 스티로폼 박스에 담겨 배달됩니다. 종이 소비나 사라지는 숲 문제는 일단 차치해 두고 종이 박스는 종이 재활용이 가능합니다. 문제는 스티로폼입니다. 스티로폼은 재활용으로 수거는 해 가지만 과연 우리가 믿는 것처럼 재활용이 완전히 이뤄질까요? 폐스티로폼을 녹여 부피를 줄인 다음 재생 원료인 잉고트를 만들어 욕실 발판, 사진 액자, 건축 자재용 몰딩 등을 만듭니다. 그런데 유가가 하락하면서 폐스티로폼을 재활용하는 것보다 새로 제품을 만드는 게 싸졌습니다. 재활용이 온전히 되지 않으니 매립이나 소각의 길을 갈 수밖에 없습니다. 보냉재인 얼음 팩은 어떻게 될까요? 겉 포장재는 비닐 혹은 부직포지만 내용물은 고흡수 폴리머 성분으로 재활용이 안 될 뿐만 아니라 버려지면 미세 플라스틱으로 남습니다.

우리나라에서만 일 년에 얼음 팩을 2억 개가량 쓴다고 합니다. 최근에 이런 쓰레기 문제에 민감해진 소비자들 사이에 불만이 터져 나오자 한 홈쇼핑 업체는 스티로폼 박스와 얼음 팩을 회수하는 서비스를 시작했습니다. 한 커피 회사는 알루미늄 소재 커피 캡슐을 수거해 갑니다. 그러면서 이런 방식을 친환경 캠페인이라 부르는데 과연 친환경이라 이름 붙일 수 있는지 의문입니다. 물론 재사용도 의미가 없진 않지만 몇 번 더 사용한다고 해도 버려질 운명이 바뀌진 않습니다. 그러나 회수를 해 가면 소비자 입장에서는 내 집에 쌓이는 스티로폼이며 얼음 팩으로 받는 스트레스가 사라지니 마음 놓고 온라인 쇼핑을 이어 갈 수 있습니다. 어쩌면 이것 또한 기업의 영업 전략은 아닐까요? 최근에는 기업들도 환경 부담을 덜고자 재생 가능한 원료로 만든 포장재와 완충재, 보냉재로 바꾸는 추세이기는 합니다. 환경부는 2023년부터 미세 플라스틱이 포함된 아이스 팩 1개당 약 94원의 폐기물 부담금을 부과한다고 발표했고요. 그러나 아무리 친환경 소재로 만든 것이라도 포장재 등이 환경에 부담이 안 될 수는 없습니다. 부담금을 부과하는 게 모든 문제를 해결할 수도 없고요. 진정한 친환경은 기업이 과잉 생산을 줄이고 우리가 지나친 소비를 줄이는 게 아닐까 싶습니다.

　온라인 쇼핑에서 우리가 놓치는 것 가운데 하나가 물류 유통입니다. 소비자가 주문한 물건은 어떤 것이든 일단 물류 창고로 모인 다음 그곳에서 소비자에게 배달됩니다. 예를 들어 우리 집 가까운 곳에 있는 물건을 주문하더라도 우리 집과는 멀리 떨어진 물류 창고까지 갔다가 우리 집으로 옵니다. 물건들이 계속 전국을 떠도는 셈이지요. 이런 상황을 세계로 확장하면 오대양에는 물건을 실은 화물선들이 24시간 떠 있습니다. 2015년 기준으로 세계 물품의 80퍼센트 이상이 바다 위를 떠다니고 있습니다. 9,000여 척 상업용 선박으로 100억 톤 이상의 화물을 옮기며 계속해서 탄소 발자국을 찍고 다닙니다. 또 하나, 물건을 직접 살피고 고르는 게 아닌 온라인 쇼핑에서 과연 물건을 고르는 기준은 무엇일까요? 누군가가 쓴 후기가, 제품 광고가 공정한 기준이 될 수 있을까요? 내 의지가 아닌 노출되는 정보에 따라 구매를 결정하는 일은 위험할 수 있습니다. 빅 데이터를 기반으로 내 취향에 맞는 물건을 골라 주는 온라인 쇼핑 세상에서는 아예 내 선택 영역 밖으로 '밀려나 버린 선택'도 있기 때문입니다.

그렇게 되면 점점 내 주관은 힘을 잃고 맹목적으로 소비할 가능성이 높습니다.

이쯤에서 온라인 쇼핑의 손익 계산서를 따져 봐야 합니다. 곰곰 생각해 보면 소비자는 일시적인 편리함을 누리고 이익은 해당 기업이 가져가는데 온라인 쇼핑의 폐해는 공동체 전체가 세대를 이어 가며 받습니다. 그렇다면 우리는 어떤 선택을 해야 할까요? 불현듯 무언가가 필요하다고 느낄 때 간절한 필요인지 만들어진 필요인지 살펴봐야 할 것 같아요. 이미 소비는 한계를 넘어섰으니까요. 한 가지 더, 왜 꼭 물건이 총알이나 로켓의 속도로 와야 할까요? 새벽 배송 때문에 누군가는 밤잠을 못 자고 물류 창고에서 물건을 포장해야 하고 또 누군가는 밤길을 달려 우리 집 닫힌 현관문 앞을 다녀갑니다. 산타는 일 년에 한 번으로 족하지 않을까요?

48,000km

물건 소비는
물건만
소비하지
않는다

지구 반대쪽 멕시코와 칠레에서 생산되는 아보카도를 트럭에다 쌓아 놓고 파는 세상이고 동남아시아에서 나는 과일이 동네 마트에 가면 언제든 있습니다. 독일의 하몽도 발효시킨 치즈도 바로 먹을 수 있고, 올리브 오일은 콩기름만큼이나 흔해졌어요. 바나나가 부의 상징처럼 여겨지던 때가 몇백 년 전 같지만 불과 30여 년 전입니다. 1991년 수입 제한 품목이 풀리면서 들어오기 시작한 바나나가 이젠 가장 값싼 과일이 됐습니다. 군이 외국에 가지 않아도 온갖 이국적인 음식을 먹을 수 있으니 좋은 세상이라 할 만합니다. 하긴 먹을거리뿐일까요? 무역회사도 아닌 개인이 외국에 직접 물건을 주문하고 집에서 받는 시절입니다. 어느 순간 세상의 거리는 정말 확 좁혀졌습니다.

유럽 인구가 급속히 팽창하면서 19세기 말에는 해마다 유럽 인구 100만 명이 유럽을 떠나 미국, 캐나다, 아르헨티나, 호주 등으로 이주했습니다. 이주한 이들은 경작지를 급격히 늘렸고 생산한 농산물, 가축 등을 유럽으로 보냈습니다. 유럽으로 식량을 수송하고자 대륙을 횡단하는 철도가 놓였고 대형 증기선이 바다 위를 떠다녔습니다. 냉장, 냉동 기술이 개발되면서 신선 식품을 대량으로 공급할 수 있게 됐습니다. 19세기 중엽 프랑스의 페르디낭 카레와 샤를 텔리에는 영업용 냉장고를 개발했고, 냉장선 프리고리피크는 신선한 먹을거리를 싣고 아르헨티나와 프랑스를 오가기 시작했습니다. 이때부터 남북 아메리카 대목장과 대농장이 유럽 대도시와 연결됐습니다. 1879년에는 호주에서, 1882년에는 뉴질랜드에서 영국으로 냉동선이 다니기 시작했고 영국은 1890년에 뉴질랜드에서 버터와 치즈를, 1901년에는 자메이카에서 바나나를 처음으로 수입했습니다. 급속 냉동하면 냉동 전과 맛이 다르지 않다는 아이디어를 이누이트 사회에서 얻었고, 이런 기술 개발로 전 세계 식량 시스템에 혁명이 일어났습니다.

콜드 체인은 지구를 돌며 온갖 먹을거리를 실어 나릅니다. 제약이 되던 저장 문제에서 벗어나니 식품 유통이 무한대에 가깝게 넓어졌습니다. 그때그때 필요한 양이 아니라 가격에 따라 식품이 출하되는 세상이 된 거지요. 잡아들일 수 있는 최대한으로 잡아들이다 보니 바다에는 물고기 씨가 마르기 시작했고 음식 재료의 제철이 사라지기에 이르렀습니다. 또한 가격 경쟁에서도 냉동식품은 파괴력을 지녔습니다. 싼 가격에 대량으로 밀어 넣을 수 있으니 소자본은 경쟁 자체를 할 수가 없고 로컬 푸드가 설 자리는 급격히 줄어들었습니다. 냉동식품이 생기면서 냉장고 크기도 커졌습니다. 처음 냉장고가 시판될 때만 해도 냉장실 위에 부록처럼 붙어 있던 냉동실이 이젠 냉장실과 어깨를 나란히 할 만큼 커졌습니다. 아니 냉동고가 아예 독립해서 부엌 한 곳을 차지하기에 이르렀습니다. 냉동식품을 '1+1'으로 판매 가능한 건 가정용 냉동실이 받쳐 주기 때문이지요. 그러니 각 가정은 1/n 몫으로 식품 회사 물류 창고를 대행한다고 해도 과언이 아닙니다. 먹을거리를 비롯한 상품을 원활히 나르려면 도로가 필요합니다. 우리나라만 보더라도 얼마나 많은 도로가 거미줄처럼 전국에 놓이고 있는지요. 우연히 다큐멘터리 〈자전거 대 자동차Bikes vs. Cars 〉를 보고서 알게 된 사실인데 LA 지역의 70퍼센트는 도로와 주차장이 점령하고 있더군요. 물건 이동을 위해 우리는 땅의 많은 부분을 자동차에게 내어 주고 있는 셈입니다.

아침이고 저녁이고 쉼 없이 고속도로를 오가는 화

물차 그리고 뒤에 실린 컨테이너, 기차역에 화물 기차가 정차할 때 보면 물건을 실은 컨테이너의 끝이 보이지 않습니다. 그 안에 담긴 상품은 대체 어디로 들어가서 어떻게 쓰이는 걸까요? 문득 아침에 마신 커피 한 잔의 행보가 궁금해졌습니다. 남아메리카, 아프리카, 아시아 지역에서 수확한 녹색 생두는 자루에 담겨 태평양을 건너고 대서양을 건너 미국 등의 항구로 이동할 것입니다. 항구에 도착한 생두 자루는 트럭이나 화물 열차 등에 실려 커피를 볶는 공장으로 갈 테고, 포장이 끝난 볶은 커피콩은 다시 플라스틱과 알루미늄 호일 합성 봉지에 담겨 이곳저곳에 있는 물류 센터로 이동할 테고, 그곳에서 다시 도매점으로 소매점으로 이동하겠지요. 일부는 트럭이나 화물 열차 등에 실려 항구로 이동했다가 다시 화물선에 실려 이나라 저 나라 항구로 이동하겠지요. 그리고 도착한 항구에서 다시 트럭이나 화물 열차에 실려 물류 센터로, 도매점으로 소매점으로 이동할 것입니다.

그렇다면 우리가 아침에 마실 커피 한 잔을 위해 생두는 얼마나 많은 거리를 이동하는 걸까요? 에드워드 흄스는 그의 책 『배송 추적』에서 커피 하나의 이동 경로를 추적해 보니 4만 8,000킬로미터가 넘었다고 합니다. 가히 놀라운 거리입니다. 이러니 우리가 쓰는 물건 하나하나가 이동한 거리는 대체 얼마일 것이며, 그 거리에서는 또 얼마나 많은 탄소가 배출됐을까요? 이러니 물건 소비는 단순히 물건만을 소비하는 일일 수가 없는 거지요. 물건 뒤에 가려진 수많은 것을 동시에 소비하고 또 배출하게 되는 겁니다. 빙산의 일각이란 비유조차 적절하지 않아 보입니다.

어제 산 내 옷이
지구를 파고한다면

중복 지나 더위가 한껏 기승을 부릴 무렵, 땀을 많이 흘리니 옷을 맨날 갈아입을 수밖에 없는데 연일 내리는 비로 미처 빨래가 마르지 않았습니다. 급기야 작은아이가 아침에 입고 나갈 반바지가 모두 건조대에 널린 상황이 벌어지고 말았습니다. 옷장을 뒤져서 바지 하나를 겨우 찾았습니다. 그런데 아이는 요새 통 넓은 바지를 누가 입느냐며 투덜거리고 나갔습니다. 유행이 지난 옷이라는 건데 유행이 지났다는 아이 말을 도통 이해할 수 없었습니다. 그 바지는 작년에 입었던 옷이었거든요. 주말에 안 되겠다 싶어 아이를 데리고 새 바지를 사러 나섰습니다. 옷이 얼마나 많은지 옷 고르는 일이 수학 문제 풀기보다 어렵게 느껴질 지경이었습니다. 패스트푸드처럼 빨리 생산되고 빨리 소비되는 패스트패션이 자리 잡으면서 일 년에 많게는 50번 유행이 지나간다고 합니다. 불과 이십여 년 전만 해도 옷은 추석빔, 설빔처럼 특별한 날에만 사는 것이었는데 말이지요.

바지를 사니 아이가 바지와 어울리는 셔츠도 사고 싶다고 해서 뜻하지 않게 서너 벌을 장만했습니다. 옷장이며 서랍장은 이미 옷으로 빼곡해 더는 들어갈 공간이 없었습니다. 아이에게 안 입는 옷을 정리해 내놓으라 했더니 한 아름 들고 나오는데 어느 하나 떨어지거나 해진 옷이 없었습니다. 더러는 한두 번밖에 입지 않은 옷도 있고 꽤 값이 나가는 옷도 몇 장 있었습니다. 두고두고 입으라고 제법 큰 값을 치르고 샀는데 단지 유행이 지나서 더는 입지 못하다니 어이가 없었습니다.

보통 가정에서 버린 옷 가운데 99퍼센트가 재활용 가능합니다. 그러나 안타깝게도 대부분 매립지에 가 쌓이거나 소각됩니다. 미국 환경청EPA 통계 자료에 따르면 1960년부터 2015년까지 섬유 폐기물은 811퍼센트 증가했습니다. 그 가운데 약 66퍼센트는 매립됐고요. 환경부에서 발표한 폐기물 발생 현황에 따르면 2013년 하루 평균 138.8톤이던 의류 폐기물은 2017년 193.2톤으로 늘었습니다. 천연 섬유가 아닌 화학 섬유는 원유가 주원료입니다. 석유 화학 제품인 폴리에스테르는 주요 의류 소재로, 한 해에 폴리에스테르를 생산하는 데에만 석유가 약 110억 리터 이상 들어갑니다. 그러니 옷을 태우거나 매립하는 동안 이산화탄소, 메탄 같은 온실가스가 지속적으로 발생합니다. 상점에서 2주 정도 신상품으로 판매되다가 짧은 유행이 지났다는 이유로 남겨진 옷도 처지가 비슷합니다. 일반 의류 기업들은 생산한 옷의 30퍼센트 판매를 목표로 한다고 합니다. 아예 옷을 생산할 때부터 반이 훌쩍 넘는 양은 폐기를 전제로 한다는 거지요. 재고 의류는 아울렛 등을 돌며 싼 가격에 팔리다가 결국은 쓰레기장으로 가서 매립되거나 소각됩니다. 고가 브랜드는 싼 가격에 할인 판매할 경우 브랜드 이미지가 실추될 우려가 있다며 바로 소각하기도 합니다. 트렌치코트로 유명한 영국 명품 브랜드 기업이 개당 200만 원을 웃도는 멀쩡한 옷과 화장품 등 약 420억 원 어치를 불태워 없앴다가 입길에 오른 적도 있습니다.

그린피스GREENPEACE에 따르면 청바지 한 벌을 만드는 데에 물이 약 7,000리터, 티셔츠 한 장에는 약 2,700리터가 쓰입니다. 환경부가 발표한 상수도 통계 조사 결과에 따르면 2016년 기준으로 우리나라 사람 1명이 하루에 사용하는 수돗물 양은 평균 287리터입니다. 이걸 4인 가족 기준으로 계산하면 하루에 1,148리터이니, 청바지 한 벌 만드는 데에 4인 가족이 일주일 정도 쓰는 물이 들어가는 셈입니다. 청바지 만들 천을 찢고 닦고 삶는 등 자연스런 멋을 내는 공정에 쓰이는 물이며 화학 약품, 광물, 전기 등의 소비가 상당합니다. 산업용 물의 20퍼센트는 의류 생산에 쓰이며, 면직물 원료인 목화를 재배하면서 전 세계 농약의 약 20퍼센트가 소비됩니다. 옷을 더 많이 사고 더 빨리 소비하는 만큼 물, 농약 소비가 증가하는 구조입니다.

우리가 사 입는 옷은 대개 의류 라벨에 적힌 중국, 방글라데시, 인도, 스리랑카 등 인건비가 싼 나라에서 10대 후반부터 주로 여성의 노동력으로 만들어집니다. 이런 곳의 의류 공장은 환경이 열악해 사고도 잦습니다. 2013년 4월 방글라데시 수도 다카에 있던 '라나플라자' 의류 공장 붕괴는 무리한 공간 확장으로 벌어진 삼풍백화점 사고와 매우 흡사합니다. 다른 점이라면 라나플라자에서는 옷을 만들던 여성 노동자 대부분이 건물 더미에 깔리면서 삼풍 사고보다 훨씬 큰 인명 사고가 발생했다는 사실입니다. 우리가 저렴한 값에 옷을 마음껏 소비하는 동안 이 세계 어딘가에서 누군가는 오염된 환경에 고통 받고, 노동력을 착취당하고, 목숨을 잃고 있습니다.

의류 산업은 반反 환경 산업이라 해도 과언이 아닐 만큼 의류 제조 과정에서 발생하는 환경 오염이 상당합니다. 그나마 다행스러운 건 이런 의류 산업에 친환경 문화를 뿌리내리고자 노력하는 기업도 있다는 사실입니다. 아웃도어 브랜드인 파타고니아Patagonia는 소비자에게 새 옷을 사기보다는 옷을 오래 입길 권합니다. 재고를 최소화하려다 보니 많이 팔려도 추가 생산을 하지 않기 때문에 품절인 제품이 많습니다. 판매되지 않은 옷은 같은 종류 옷을 수선하는 데에 사용합니다. 이 회사는 옷을 수선해 주는 것으로도 유명하지요. 소비자가 스스로 옷을 고쳐 입을 수 있도록 회사 홈페이지에 제품을 수선할 수 있는 40여 가지 방법을 4개 언어로 소개하고 있습니다. 또한 2025년까지 100퍼센트 공정 무역으로 제품을 생산할 계획이며, 합성 소재는 100퍼센트 재생 소재로 전환할 예정이라고 합니다. 파타고니아는 의류 산업도 얼마든지 친환경으로 경영이 가능하다는 걸 하나씩 실험해 가며 보여 주고 있습니다. 기업이 환경을 생각하는 데에 중요한 건 무엇보다 CEO와 운영진들의 의지이고 철학인 것 같습니다.

일주일에
신용카드 한 장을
먹다

신용카드를 사용한 지가 꽤 오래됐지만 무게를 알게 된 건 불과 얼마 전 뉴스를 통해서였습니다. 세계자연기금WWF과 호주 뉴캐슬대 공동 연구에 따르면 우리는 일주일에 미세 플라스틱을 약 5그램 섭취합니다. 신용카드 한 장 무게입니다. 한 달이면 미세 플라스틱을 칫솔 하나 무게인 21그램 정도 섭취하는 셈입니다. 이 뉴스는 신용카드 무게의 천만 배쯤 충격이었습니다. 조개류, 소금, 맥주 등에서도 미세 플라스틱 농도가 높게 나왔습니다. 우리나라 모든 염전은 이미 미세 플라스틱에 오염됐습니다. 심지어 생수에서도 미세 플라스틱이 검출됐습니다. 이 말은 지하수까지 미세 플라스틱에 오염됐다는 뜻으로 읽힙니다.

우리나라 하수 처리 시설은 상당한 수준입니다. 그러나 워낙 크기가 작은 미세 플라스틱은 정수 처리장에서도 다 걸러지지가 않습니다. 1퍼센트 정도의 미세 플라스틱은 바다로 흘러갈 수밖에 없는데 이 정도 양이라 해도 워낙 많은 하수가 바다로 흘러들어 가다 보니 결코 적은 양일 수 없습니다. 우리나라는 화장품에 들어가는 미세 플라스틱을 법으로 금지했지만 여전히 의약품이나 세제에 들어가는 미세 플라스틱에 대한 규제는 없습니다. 자동차 타이어가 도로에 마모되면서 생기는 분진도 미세 플라스틱이 됩니다. 건물 외벽에 칠하는 페인트 조각도, 담배꽁초 필터 성분인 셀룰로오스 아세테이트도 미세 플라스틱이 됩니다.

그렇다면 어디서 미세 플라스틱을 가장 많이 배출할까요? 빨래입니다, 놀랍게도! 천연 섬유가 아닌 합성 섬유를 세탁할 때 가장 많이 나옵니다. 세계자연보전연맹 IUCN이 추산한 바로는 전 세계 미세 플라스틱 오염의 35퍼센트는 합성 섬유 세탁 과정에서 발생합니다. 한 방송사가 합성 섬유에서 미세 플라스틱이 나오는 양을 알아보려 한국분석과학연구소에 의뢰해 세탁기 폐수를 분석해 봤습니다. 결과는 옷 1.5킬로그램을 빨고 난 폐수에서 미세 플라스틱이 0.1346그램 검출됐습니다. 이 결과를 우리나라 평균 세탁량에 대입해 보면 옷에서만 일 년에 1,000톤이 넘는 미세 플라스틱이 배출된다는 뜻입니다. 특히 우려스러운 건 100마이크로미터 이하가 78퍼센트로, 이 크기는 사람이 섭취했을 때 림프액과 간문맥까지 흡수될 수 있습니다. 국내산 담치와 바지락에서도 섬유형 미세 플라스틱이 검출됐습니다. 의류 플라스틱을 연구하는 호주 뉴사우스웨일스대 마크 브라운 교수에 따르면 조개류에서 발견되는 미세 플라스틱은 위에서 근육, 조직으로 옮겨 갈 수 있다고 합니다.* 미세 플라스틱은 그 자체로도 문제지만 세균이나 오염물질 등을 축적한다는 게 더 큰 문제입니다.

그럼 아예 빨래를 하지 말아야 할까요? 미세 플라스틱을 덜 배출할 세탁 방법은 없을까요? 세탁과 탈수 시간을 줄이면 됩니다. 섬유가 마찰할 때 미세 섬유가 더 많이 나오기 때문입니다. 또 물 온도가 높을수록 미세 섬유가 더 많이 나오니 낮은 온도에서 세탁하는 게 좋습니다. 가능하면 액체 세탁 세제를 사용하고, 가루 세제가 있다면 따뜻한 물에 녹여 씁니다. 가루와 원단이 마찰을 일으키면 미세 섬유가 더 많이 나오거든요. 그리고 빨래를 모아 빠는 것도 방법입니다. 빨래가 많으면 마찰 강도가 약해져 미세 섬유가 덜 나옵니다. 혹시 이러면 빨래가 제대로 빨리지 않을까 걱정되시나요? 옷을 깨끗하게 빠는 것

* http://mokpo.kbs.co.kr/index.html?source=kbslocal&sname=news&stype=magazine&contents_id=3709232

보다 내 몸에 들어오는 미세 섬유를 줄이는 게 더 깨끗한 일이라고 생각해 보면 어떨까요? 한 발 더 나아가 빨래를 너무 자주 하지 않는 것도 좋겠습니다. 미세 섬유는 세탁 횟수에 비례해서 늘어나니까요. 일주일에 신용카드 한 장 무게만큼 미세 플라스틱을 섭취하고 있고 그 미세 플라스틱에 붙어 함께 내 몸에 들어올지도 모를 세균과 오염 물질을 생각한다면, 빨래 좀 덜 하고 사는 것쯤이야 더럽다고 할 수도 없겠지요.

미세 플라스틱이 우리 몸으로 들어오는 또 다른 경로는 해양 플라스틱 쓰레기입니다. 유엔환경계획UNEP에 따르면 2010년 한 해에 바다에 버려진 플라스틱은 적어도 480만 톤에 이릅니다. 이 속도라면 2050년쯤이면 바다에는 물고기보다 플라스틱이 더 많아질 수 있어요. 우리나라도 연안 미세 플라스틱 농도가 상당합니다. 2018년 해양수산부 연구 보고서에 따르면 국내 해양 쓰레기 유입량은 14만 5,258톤으로 추정합니다. 이 가운데 육지에서 유입된 것이 65.3퍼센트나 됩니다. 2020년 여름에 쏟아진 집중 호우로 전라남도 목포항은 쓰레기 몸살을 겪었습니다. 영산강 하굿둑 수문을 열어 목포항 앞바다로 방류하면서 영산강에서 떠밀려 온 육지 쓰레기 더미가 목포항을 뒤덮었거든요. 목포항 근처 해안 2킬로미터 구간에는 너비 100~200미터에 면적이 대략 10만 제곱미터인 쓰레기 띠가 만들어졌어요. 목포 해양수산청이 해양 쓰레기 수거 선박인 청항선과 관리선 4척, 해경 경비정 7척 등 선박 11척으로 쓰레기 수거에 나섰습니다. 쓰레기가 더 넓게 퍼지는 걸 방지하고자 1,000미터에 이르는 확산 방지 차단막을 다 쳐 놓을 정도였다고 해요. 사흘 동안 치운 쓰레기가 260톤을 넘어 한꺼번에 처리할 수도 없었습니다.

육지에서 유입된 해양 플라스틱 쓰레기는 곧 미세 플라스틱으로 이어지고, 이는 다시 우리 몸속으로 들어옵니다. 결국 미세 플라스틱을 줄이려면 육지에서 우리가 배출하는 쓰레기를 과감히 줄이는 것 말고는 방법이 없을 듯합니다.

성^性 테러와
스마트폰

〈기쁨의 도시 City of Joy〉는 콩고 민주 공화국의 내전을 다룬 다큐멘터리입니다. '기쁨의 도시'라는 제목과 달리 내용은 너무나 끔찍하고 슬픕니다. 'City of Joy'는 콩고 민주 공화국에 있는 특별한 단체 이름이기도 합니다. 전국 각지에서 전쟁 성폭력을 당한 여성이 모여서 서로의 고통을 치유하며 슬픔을 극복해 나가는 곳입니다. 판지 병원의 무퀘게 박사는 강간으로 고통을 겪는 여성을 치료하는 산부인과 의사로, 강간이 단순한 범죄가 아닌 전쟁 폭력이며 성 테러라고 일갈합니다. 무퀘게 박사는 왜 유엔이 콩고 민주 공화국 사태에 침묵하는지 묻습니다.

콩고 민주 공화국은 세계에서 광물 자원이 가장 풍부한 나라입니다. 특히 콜탄은 전 세계의 70~80퍼센트가 콩고 민주 공화국에 매장돼 있습니다. 콜탄은 그저 흔한 돌덩어리였다가 정보 통신 기술 ICT 이 날로 발전하면서 다이아몬드급으로 격상된 광물입니다. 콜탄은 탄탈럼의 원료이고 탄탈럼은 크기가 작고 가벼우며 온도 안정성이 높아 광범위하게 쓰입니다. 휴대 전화, PC, 자동차뿐만 아니라 항공기 등의 전자 장치, 발전기 터빈 등에 쓰이며, 내부식성이 탁월해서 화학 공업용 장치와 실험 도구에도 사용됩니다. 생체 적합성도 우수해 수술 도구, 인공 뼈와 치아 임플란트용 나사 등을 만드는 데에도 쓰입니다. 이렇게 쓰임새가 많으니 가격은 비쌀 수밖에 없습니다. 이쯤 되면 콩고 민주 공화국도 산유국 카타르처럼 세금도 내지 않고 국민 모두가 잘사는 나라여야 하지 않을까요? 그런데 실상은 완전 딴판입니다. 최빈국으로 내전이 끊이질 않고 주민들, 특히 여자들은 나이와 상관없이 강간이라는 폭력에 무차별적으로 놓여 있습니다. 왜 그럴까요? 광산이 있는 마을에 민병대가 들어가서 주민들을 죽이고 여자들을 강간합니다. 그러니 주민들은 앞다퉈 그곳을 벗어날 수밖에 없고, 그렇게 차지한 곳에서 민병대가 광물을 차지합니다. 민병대 자본은 다국적 기업이 댑니다. 다국적 기업이 콜탄을 얻는 메커니즘은 이렇게 작동됩니다. 무퀘게 박사가 강간을 성性 테러라 부르는 건 바로 이 때문입니다. 광물을 얻으려는 다국적 기업들은 콩고 민주 공화국 내 주민들의 안전에는 관심이 없습니다. 아니 계속 이런 불안정한 상태를 부추깁니다. 이것이 콜탄을 분쟁 광물이라 부르는 까닭이며, 유엔이 콩고 민주 공화국 참상에 침묵하는 이유이기도 합니다.

강의 때마다 수강생들에게 단골로 하는 질문이 몇 가지 있습니다. 지금까지 스마트폰을 몇 번째 바꿨는지, 몇 년 주기로 바꾸는지, 새로 사지 않고 중고 폰으로 사용해 본 적이 있는지, 새로 폰을 구입하면 쓰던 폰은 어떻게 하는지……. 이런 질문을 하는 까닭은 수강생들이 스마트폰을 소비하는 패턴을 알고자 함이 아닙니다. 질문을 통해 평소 스마트폰 소비 습관을 자각하는 계기를 만들어 보자는 취지입니다. 관성처럼 소비하는 습관에서 살짝 벗어나 스스로의 소비 패턴을 객관화하면 어디에 문제가 있는지 보입니다.

2007년부터 2016년까지 10년간 전 세계 스마트폰 생산량은 71억 대였고 스마트폰 교체 주기는 평균 2.7년이었습니다. 냉장고 교체 주기가 9년, 세탁기와 에어컨이 8년인 것과 비교하면 상당히 짧습니다. 스마트폰을 만드느라 들어간 광물 양을 살펴보면 알루미늄은 15만 7,478톤, 텅스텐은 3,124톤, 금 213톤, 인듐 71톤 등이었습니다. 스마트폰이라는 단 하나의 물건을 만드는 데에 이 정도 광물과 에너지가 쓰인다면 지구에 있는 수많은 물건을 만드느라 쓰인 광물과 에너지의 양은 대체 어느 정도나 되는 걸까요? 심지어 이 통계에 콜탄은 빠져 있습니다. 양이 적어서일까요, 거래가 투명하지 않아서일 까요? 세계 시민들이 분쟁 광물인 콩고 민주 공화국 콜탄 을 불매하겠다고 다국적 기업들을 압박했습니다. 그러자 콜탄이 전혀 매장돼 있지 않은 르완다의 2013년 콜탄 수 출이 전 세계 생산량의 28퍼센트를 차지했고 2014년에 는 단일 국가로 최대 수출국이 됐습니다. 콜탄 거래가 선 명하지 않기 때문에 벌어지는 일입니다. 콜탄은 현재 내 전이 끊이지 않는 콩고 민주 공화국에서도 정부군과 대립 각을 세우는 반군^{민병대} 점령지에 다량 매장돼 있습니다. 그 지역 주민들은 콜탄을 캐는 노동에도 강제 동원되다시 피 하며 고통 받고 있습니다.

광고에 끌려서, 약정 기간이 끝나서, 그저 새 제품 이 갖고 싶어서 바꿨을 뿐이다……. 아무런 폭력을 행사 하지 않았지만 사실 이런 이유로 스마트폰을 소비하는 일 이 콩고 민주 공화국에서 벌어지는 폭력에 일조하고 있다 면 어떨까요? 당장 내가 고통 받지 않으니 지구 저편에서 벌어지는 수많은 이의 고통에 눈 감을 수 있을까요? 시스 템도 문제입니다. 나날이 기술은 진일보하는데 어째서 스마트폰은 고작 2.7년밖에 사용할 수 없는지 이해하기 어렵습니다. 광물을 캐내는 과정뿐만 아니라 정련을 비롯한 여러 공정을 거치는 과정에서 쓰이는 화학 약품이며, 제품을 여기저기로 유통시키는 과정에서 엄청난 에너지가 계속 쓰일 수밖에 없습니다. 또 한 가지, 고작 2.7년 쓰고 버려지는 폐기물도 문제입니다. 지구 어디에 이 폐기물을 계속 쌓아 둘 수 있을까요? 이런 점에서 네덜란드 사회적 기업이 만든 페어폰www.fairphone.com이 대안으로 떠오릅니다. 기업 이름이면서 동시에 공정한 폰이라는 중의적 낱말인 페어폰은 분쟁 광물을 사용하지 않고 노동 착취를 하지 않으며 생태계 오염을 최소화한 친환경 스마트폰입니다. 게다가 고장 난 부품은 소비자가 직접 사다 고쳐 쓸 수 있도록 했습니다. 이처럼 소비에 대한 진지한 성찰이 이뤄질 때 콩고 민주 공화국의 고통이 사라질 길도 열립니다.

City of Joy, 2016

겨울 폭우에 찍힌
디지털 탄소 발자국

눈 많은 고장 강원도에서 어린 시절을 보냈습니다. 교사였던 부모님을 따라 강원도 깊은 산골로 옮겨 다니며 살던 몇 년 동안이 제 유년 시절 가운데 가장 행복한 시절이었습니다. 어른이 돼 읽은 아스트리드 린드그렌의 동화 속 주인공들이 신나게 겨울 놀이를 즐기던 모습이 전혀 부럽지 않았습니다. 겨우내 내리고 쌓여 사방을 뒤덮던 눈 냄새를 저는 지금도 기억합니다. 겨울과 함께 내리기 시작한 눈은 대부분 녹지 않고 제 키를 넘도록 쌓였습니다. 장난감이랄 게 없던 시절이었지만 눈에 들어오는 모든 게 다 장난감이기도 했습니다. 쌓인 눈 가운데로 열심히 터널을 뚫었고 터널을 완성한 뒤에는 그 좁은 곳에 아이들이 오글오글 모여 앉았습니다. 그 안에서는 별다른 놀이를 했던 기억은 없어요. 우리의 놀이는 터널을 뚫는 일 자체가 아니었을까 싶습니다. 기다랗고 두툼한 고드름을 따다가 칼싸움을 하고 놀다 보면 처음엔 시려 소매로 감싸 쥐던 손에서 나중에는 뜨끈하게 열이 났습니다. 유난히 춥고 눈이 많았던 그곳이 갑자기 생각난 까닭은 강원도에 내린 '폭우' 때문입니다.

"예상 강수량은 전국 대부분 지역에 30에서 80밀

리미터이며, 강원 영동과 제주도 산지에는 최고 120밀리미터가 넘는 폭우가 내리겠습니다."

　　여름에나 들을 성싶은 이 일기 예보는 놀랍게도 2020년 1월 6일 첫 절기인 소한 날 예보였습니다. 강원 영동과 제주 산지에 폭설이 아닌 폭우가 내렸습니다. 이날 아침 전국 기온이 영상 12도까지 올라갔고 낮 기온도 17도까지 오르는 등 1월 기온이 영상 20도 가까이 올랐습니다. 겨울이 겨울답지 못해진 건 꽤 됐습니다. 그래도 강원도는 눈의 고장이었는데 한겨울에 폭설이 아닌 폭우가 내리다니요. 송어 축제, 산천어 축제, 눈꽃 축제 등 다양한 겨울 축제를 준비했던 강원도는 113년 만에 내린 폭우로 모든 축제 일정에 차질을 빚었습니다. 대관령 지역은 3일 동안 100밀리미터 가까이 내린 비로 제방이 터져 눈꽃 축제장에 물길이 생기고 제설기로 만들어 쌓아 놓은 눈이 녹아 내렸습니다. 겨울에 장맛비가 내린 것 같다며 한 주민은 50년을 살았지만 이런 비는 처음이라고 했습니다. 지구 온도가 올라가면서 기후가 뒤틀려 여름에나 있어야 할 일이 겨울에 벌어지는 이런 '변화'가 앞으로 '일상'이 될 거라고 과학자들은 입을 모읍니다. 굳이 과학자의 입을 빌릴 것도 없습니다. 2020년 첫 절기인 소한에 전국 낮 기온이 20도 가까이까지 올랐으니까요.

　　강원도 폭우 소식을 스마트폰으로 읽고 있는데 카톡 알람이 떴습니다. 유럽 여행 중인 친구가 스무 장이 넘는 사진을 보낸 것입니다. 작년까지 한파가 심했는데 올해는 겨울 날씨가 연일 푸근해서 여행하기 좋다는 메시지도 함께 말이지요. 멋지다는 말을 보내려다 멈칫했습니다. 강원도 폭우 소식을 전해 주고 유럽과 한국을 연결해 주는 이 스마트폰이 지구 온난화의 새로운 주범이라는 사실을 아는 사람은 많지 않습니다. 학술지 클리너 프로덕션 저널the Journal of Cleaner Production 에 실린 논문에 따르면 스마트폰을 비롯해서 PC, 노트북 같은 디지털 기기가 지구 온도를 높이고 있습니다. 디지털 기기로 통화를 하거나 데이터를 이용하기만 해도 이산화탄소가 배출됩니다. 스마트폰을 열고 검색을 하든 메시지를 보내든 하려면 와이파이나 LTE 등 네트워크가 연결돼야 하는데 네트워크를 총괄하는 데이터 센터의 서버가 작동할 때 이산화탄소가 발생합니다. 데이터 센터는 24시간 작동하면서 엄청난 열을 발생시킵니다. 데이터 센터가 제 기능을 유지하려면 IT 장치를 지속적으로 식혀 줘야 하며 이때 들어가는 에너지가 전체 소비되는 에너지의 40퍼센트 정도입니다. 디지털 영역에서 발생하는 이산화탄소 양을 디지털 탄소 발자국이라 부릅니다. 스마트폰이 보급되기 전인 2007년에 디지털 탄소 발자국은 전체 탄소 발자국의 1퍼센트였는데 2018년에는 3배로 증가했습니다. 이런 추세라면 2040년에는 14퍼센트를 넘어설 거라는 예측입니다. 운송 산업에서 발생하는 탄소 배출의 절반에 해당합니다. 데이터 센터가 지구 온난화를 악화시킨다고 비난받는 이유입니다. 이런 에너지 비용을 절감하고자 구글은 2009년 기온이 낮은 핀란드 하미나에 데이터 센터를 열어 실제 비용을 절감했습니다.

지금까지는 자동차와 항공, 에너지 산업이 가장 탄소를 많이 배출하는 분야로 알려졌지만 이제는 정보 통신 산업의 탄소 배출도 눈여겨봐야 합니다. 2016년 전 세계 데이터 센터에서 소비한 전력이 416테라와트시 TWh 로, 영국 연간 전력 소비량인 300테라와트시보다 많았습니다. 넷플릭스를 30분 보면 자동차로 약 6.3킬로미터 운전하는 것과 같은 탄소 발자국을 찍는 셈입니다. 구글에서

1회 검색하는 데에 탄소가 0.2그램 배출된다고 구글 스스로 밝히기도 했습니다. 지금처럼 우리가 스마트폰을 많이 쓰고 자주 바꾼다면 겨울 폭우는 어쩌면 계속될지도 모르겠습니다. 그러니 적어도 스마트폰이 가져다주는 즐거움과 편리함 이면에 드리워진 그늘은 알고 써야 하지 않을까요?

남의 곳간에
불 지르고 얻는
팜유

관습적 권리라는 게 있어요. 조상 대대로 한 지역에 살아온 지역민들이 부여받는 토지에 관한 권리로, 나고 자란 땅에서 농사짓고 마을 숲에서 나는 임산물을 채취하는 생활을 보장하는 권리인 셈입니다. 인도네시아는 이런 관습적 권리를 헌법에 명시해 뒀습니다. 그러나 1967년 수하르토가 대통령으로 집권하면서 관습적 권리를 무시하고 모든 산림을 국유화해 버렸습니다. 그런 뒤 외국인 투자자들에게 산림 사업 허가권을 남발했습니다. 이렇게 해서 생긴 이윤은 정치권으로 흘러들어 갔고 수하르토가 빼돌린 돈만도 수백 억 원에 이르는 것으로 추산합니다. 2004년 국제투명성기구[Ⅱ]가 수하르토를 20세기 가장 부패한 지도자로 선정한 것도 이 때문입니다.

외국인 투자자들은 카사바, 코코넛, 양배추, 쌀, 천연고무 등 여러 작물과 어우러지던 인도네시아 산림을 밀어 버리고 과자, 라면, 아이스크림, 초콜릿 같은 가공 식품에서 화장품, 세제, 치약뿐만 아니라 연료, 펄프, 제지, 비료, 사료, 심지어 가구용 합판에 이르기까지 소비재의 절반 이상에 쓰이는 기름야자 단일 농장을 만들었습니다. 기름야자 원산지는 서아프리카로 알려져 있지만 현재는 연중 강수량과 온도가 높은 열대 지역에서 재배가 가능합니다. 씨를 뿌리고 2~3년이 지나서부터 수확하기 시작하며 25년 동안 수확할 수 있습니다. 기름야자는 버릴 게 없습니다. 팜유를 만드는 열매뿐만 아니라 씨앗, 줄기까지 부위별로 다 쓰임이 있습니다. 전 세계 기름야자 85퍼센트 이상이 인도네시아와 말레이시아에서 생산됩니다. 이 가운데 절반 이상이 인도네시아에서 나옵니다. 세계 기름야자 소비량은 1995년 1,460만 톤에서 2016년 6,900만 톤으로 5배 가까이 증가했습니다. 인구 증가도 한 요인이지만 무엇보다도 소비재 생산이 급증한 때문입니다.

기름야자 수요가 증가하니 농장도 급격히 확장됐습니다. 시간당 축구장 300개와 맞먹는 면적의 열대림이 사라진다는 이야기는 이미 널리 알려진 사실입니다. 2016년 기준 인도네시아에 있는 기름야자 농장 면적은 대략 1,100만 헥타르에 이릅니다. 남한 면적약 1,000만 헥타르 보다 큰 규모의 숲이 사라졌다는 걸 의미합니다. 그리고 이 규모는 계속 확장될 예정입니다. 열대림은 세계 이산화탄소의 약 25퍼센트를 저장하고 있습니다. 이런 숲이 파괴되면서 나오는 온실가스는 전 세계 배출량의 15퍼센트를 차지합니다. 자동차, 비행기 등 모든 운송 수단의 배출량을 합친 것보다 많은 양입니다. 숲을 없애는 가장 값싸고 쉬운 방법이 방화입니다. 더 큰 문제는 인도네시아 이탄 습지 개간입니다. 기름야자 농장을 만들고자 이탄 습지의 물을 뺍니다. 이탄은 완전히 탄화할 정도로 오래되지 않은 석탄의 한 종류입니다. 물기가 빠지고 건조해진 이탄이 강한 햇볕에 노출되면 자연 발화합니다. 2015년, 엘니뇨로 대기가 고온 건조해지자 산불이 걷잡을 수없이 번져 몇 달간 동남아 거의 전역이 산불 연기에 뒤덮이는 일이 벌어졌습니다. 이탄 습지 개간과 직접 관련이 있는 화재였습니다.

다양한 동식물이 어울려 살던 열대림이 불타 사라지니 생물 다양성도 크게 훼손됐습니다. 오랑우탄 같은 동물은 서식지를 잃었습니다. 선주민들도 마찬가지입니다. 관습적 권리를 빼앗기며 일용할 양식을 구하던 그들의 부엌이자 곳간을 하루아침에 잃어버렸습니다. 기름야자 농장에 일자리를 주겠다던 기업들은 오히려 농민들을 착취하고 있습니다. 기름야자 농장에서 열매를 수확하는 노동자는 하루에 마쳐야 하는 업무 양이 정해져 있는데 이걸 타깃 target 이라 합니다. 타깃을 채우지 못하면 급여가 깎입니다. 그래서 노동자들은 근무 시간을 초과해서 일할 뿐만 아니라 가족까지 동원합니다. 기름야자 농장 노동자의 전언에 따르면 10살도 안 된 아이가 부모의 타깃을 채우고자 학교 대신 농장에서 일하는 경우도 있다고 합니다. 이런 상황에 이르도록 하는 기업의 행태는 노동 착취를 넘어 교육 기회를 박탈하는 행위입니다. 또한 농장에서 맹독성 제초제인 파라콰트 패러쾃 를 사용하는 것도 문제입니다. 파라콰트는 직접 삼키거나 간접적으로 흡수만 해도 폐에 치명적인 손상을 줄 수 있고 파킨슨병, 신경계 손상 등을 일으킬 수 있습니다. 이런 이유로 우리나라에서는 파라콰트를 주성분으로 하는 제초제 그라목손 판매를 금지하고 있습니다. 그런데도 인도네시아 기름야자 농장 노동자들은 어떤 안전 교육도 받지 못하고 보호 장치도 없이 위험한 환경에 그대로 노출돼 있으며, 하물며 불안정한 고용과 저임금 등 여러 모로 참담한 상황에 놓여 있습니다.

이 모든 건 오늘날 쓰이는 소비재 대부분에 들어가

는 기름야자를 생산하느라 벌어지는 일입니다. 환경 파괴, 지역 주민 생계 위협, 노동 착취에 이르기까지 수하르토 정권이나 외국인 투자자들이 인도네시아 환경과 주민들에게 몹쓸 짓을 했다는 건 확연히 보이지만 우리 소비가 이런 참담한 상황에 어떻게 영향을 끼치는지는 사실 잘 보이지 않습니다. 그러다 보니 소비는 계속 증가하고, 기름야자 플랜테이션은 더 많이 생겨납니다. 그러면 또 숲이 사라지고 생물 다양성이 훼손되고 노동자들은 고통을 받고…… 이 악순환을 끊으려면 잘 보이지 않더라도 우리 소비와 인도네시아 자연과 그곳에 사는 오랑우탄 같은 생물과 고통 받는 노동자가 깊이 연결돼 있다는 걸 자꾸 들여다봐야 합니다. 물건을 사기에 앞서 꼭 필요한 물건인지 적어도 세 번 자신에게 물어보는 건 어떨까요? 반드시 필요한 물건이라면 팜유를 비롯한 기름야자가 들어가지 않은 대체품이 있는지 먼저 알아보고, 있다면 그걸 구매하는 것도 이 악순환을 끊는 한 방법일 겁니다.

≀≀≀

손난로,
따스하면 껴안고
식으면 버리는

외투 주머니에 손을 넣었다가 차갑고 묵직한 게 느껴졌습니다. 꺼내 보니 핫팩이었습니다. 어느 늦은 밤 추위에 오들오들 떠는 제 손에 친구가 쥐어 주고 갔던 핫팩이 여태 주머니에 있었습니다. 그날 핫팩 덕에 귀갓길이 훈훈했던 기억이 떠오릅니다. 차갑게 식어 버린 핫팩을 꺼내 종량제 봉투에 버리다 말고 '일회용 온기'라는 생각이 들었어요. 뭐든 일회용인가 피식 웃다가 느닷없이 한기가 느껴졌습니다. 단지 따뜻함을 얻으려 우린 쉼 없이 쓰레기를 만들고 있다는 자각이 일었기 때문입니다. 찬바람이 불기 시작하면 가장 먼저 찾게 되는 게 핫팩, 그러니까 손난로입니다. 춥다고 옷을 두껍게 껴입으면 움직임이 둔하고 핏도 안 사니 훤하게 발목을 드러내는 패션에 주머니에는 핫팩을! 그러고 보니 손난로도 종류가 여러 가지입니다. 한 번 쓰고 버리는 철가루 손난로, 일명 똑딱이라 불리는 여러 번 재사용 가능한 액체형 손난로 그리고 몇 년 사이에 인기 폭발인 충전식 손난로까지.

철은 공기와 닿으면 녹이 생기며 산화 반응이 일어나는데 이때 나오는 열을 활용한 제품이 철가루 손난로입니다. 그런데 철가루 손난로는 한 번밖에 사용할 수 없습니다. 여러 번 쓸 수 있는 똑딱이 손난로가 있지만 매번 끓여서 다시 쓴다는 게 편리함을 좋아하는 사람들에게 매력적일 수는 없습니다. 그래서 등장한 게 충전식 손난로, 전기 충전만 하면 사용 가능하니 핫팩 가운데 가장 인기 있습니다. 게다가 최근엔 휴대용 배터리까지 등장했습니다.

사람들의 생각은 대체 어디가 끝일까 싶을 정도로 자고 일어나면 생각지도 못한 물건들이 쏟아져 나옵니다. 언제든 추위에서 벗어날 수 있는 휴대용 손난로가 편리한 건 사실이지만 사용 후 싸늘하게 식은 손난로의 행방을 고민하지 않고 써도 정말 괜찮을까요? 사용하고 난 철가루 손난로에는 산화철이 가득 담겨 있습니다. 산화철은 흡입하면 열, 오한, 통증, 가슴 조임, 기침 등 독감과 같은 증상이 나타날 수 있고 장기간 또는 반복적으로 접촉하면 피부가 변색될 수도 있습니다. 그래서 산화철은 위험 물질 목록에 올라 있습니다. 똑딱이 손난로의 경우 안에 든 물질이 아세트산나트륨으로 여러 번 끓여 재사용할 수 있는 장점이 있는 반면, 염기성을 띠기 때문에 눈에 들어가거나 마시게 되면 역시 위험한 물질입니다. 사용되고 나서 결국 버려진다는 건 어딘가에 이런 물질들이 쌓인다는 뜻입니다. 요즘 가장 인기 있는 충전식 손난로는 플라스틱 재질이며 이것 역시 쓰이다가 언젠가는 버려질 수밖에 없습니다. 플라스틱 쓰레기에 대해서는 더 이상 언급할 필요가 없겠지요.

지금처럼 난방이 잘 되는 건물이 거의 없던 시절, 추운 겨울을 지낼 방한복조차 변변찮던 과거에 사람들은 어떻게 겨울을 지냈을까요? 뒷덜미는 체온을 조절하는 신경이 지나가는 곳이라 온도에 민감하니 목으로 들어오는 추위는 목도리로 해결했습니다. 머리카락이 짧은 남자들에게 귀마개는 겨울철 필수품이었습니다. 발목까지 올라오는 두툼한 양말로 발목을 보온했고 장갑으로 시린 손을 감쌌습니다. 이렇게 바깥에 그대로 노출되는 체열이 바깥으로 새어 나가지 않도록 말하자면 '단열'을 하며 지낸 셈입니다.

체열이 난방에도 쓰인다? 선뜻 믿기지 않겠지만 스웨덴 스톡홀름 중앙역에서는 말이 되는 이야기입니다. 스톡홀름 중앙역 환기 시스템은 역을 오가는 하루 평균 승객 25만 명의 체열을 모아서 지하 탱크에 있는 물을 덥힙니다. 따뜻해진 물은 관을 통해서 중앙역 인근에 있는 한 건물의 난방용으로 쓰입니다. 이 건물에서 사용하는 연료의 1/3이 스톡홀름 중앙역에서 모은 체열에서 비롯한 것입니다. 프랑스 파리의 지하철역인 랑뷔토역에서도 출퇴근 시간 이용 승객들의 열기를 모아서 근처 공공 임대 주택의 난방용으로 씁니다.*

추운 날에도 바깥에서 종일 일을 해야만 하는 사람에게 손난로는 무척 요긴합니다. 그렇지만 체열만 제대로 관리해도 겨울나는 일은 크게 어렵지 않은데 굳이 모두에게 손난로가 필요할까 싶기도 합니다. 더구나 요즘은 걸어 이동하는 시간도 짧고, 늘 따뜻하게 덥힌 탈것도 많고, 건물마다 난방도 잘 돼 있는 세상인데 말입니다. 손난로는 특히 이동하면서 스마트폰을 사용하는 사람들 사이에서 인기라고 합니다. 밖으로 나온 시린 손을 덥혀 주기 때문이지요. 당장은 따뜻하고 요긴하겠지만 짧은 시간 스마트폰을 들여다보느라 쓰고 버린 일회용 손난로 혹은 썩지

*https://bizn.donga.com/home/3/all/20170803/85647361/1

않는 플라스틱이 만들어 낼 결과도 한번쯤 곱씹어 봐야 할 것 같습니다. 세상 모든 물건은 지구에서 나오는 물질로 만듭니다. 그렇게 꺼내서 만든 물건은 얼마 못 가 버려지고 한정된 지구 어딘가에 쌓여 갑니다. 언제까지 우리가 지구에서 자원을 꺼내 쓸 수 있을 것이며, 쓰레기를 버릴 공간이 지구에 남아 있을까요? 잠깐 머무르는 사람들의 체열마저 난방 에너지로 활용하는 것이야말로 과학과 기술의 진보가 아닐까요? 정말 필요해서 만든 물건인지, 필요를 만드는 물건인지 두 '필요'의 차이를 잘 살펴야 할 것 같습니다.

지구를 살리는
구부러진 화살표

씹던 껌을 모아 장화를 만들고 소방 호스가 핸드백이 됩니다. 마법사가 나오는 판타지 세상 속 이야기가 아니라 우리가 사는 세상에 실재하는 이야기입니다. 쓰레기통으로 들어갈 처지에 놓인 폐품에 디자인 또는 활용도를 덧대 가치를 높인 새 제품으로 만드는 걸 업사이클링이라고 합니다. 소비하고 폐기하는 데에서 끝나 한쪽으로만 향하던 화살표를 살짝 구부려 순환시키자는 움직임이 일기 시작한 지도 꽤 돼 지금은 반짝이는 업사이클링 아이디어가 많습니다.

플라스틱 소재를 연구하던 어느 영국 대학원생은 길거리에 붙은 껌을 보고서 껌 쓰레기통인 껌드롭gumdrop을 만들어 거리 곳곳에 설치했습니다. 이 분홍색 껌 쓰레기통이 가득 차면 수거해서 새로운 껌드롭이나 장화, 휴대폰 커버, 포장재, 머리빗, 운동화 밑창 등 다양한 제품을 만듭니다. 우리나라에도 다양한 업사이클링 사례가 있습니다. 1인 기업 브랜드 리브리스는 버려진 자전거와 안 쓰는 시계에서 나온 부품을 조합해 세상에 하나밖에 없는 시계를 만듭니다. 폐현수막을 활용해 가방 등 여러 소품을 만드는 사회적 기업으로 유명한 터치포굿은 최근에 안 쓰는 립스틱으로 크레용을 만드는 등 다양한 업사이클링 아이디어로 폐기물을 순환시키고 있습니다.

엘비스앤크레스Elvis & Kresse는 영국 소방청에서 못 쓰게 된 소방 호스를 공급받아 가공해서 가방, 벨트, 지갑, 방수 주머니 같은 제품을 만드는 영국 회사입니다. 물건을 팔아 벌어들인 돈 일부를 소방청에 기부하며, 기부금은 부상당한 소방관을 치료하거나 순직한 소방관 유족을 위한 심리 치료 지원 등에 쓰입니다. 소방관이 쓰던 호스로 소방관을 돕는 일을 하니 자원 재활용뿐만 아니라 기부 문화로도 이어지는 일석이조 아이디어입니다. 프라이탁FREITAG 가방은 청년들에게 힙한 아이템입니다. 가격도 결코 싸지 않습니다. 그런데 프라이탁을 모르는 사람이 그 가방을 본다면 다 낡아 버려야 할 것 같은 가방을 왜 메고 다닐까 오히려 안쓰럽게 생각할 수도 있습니다. 스위스 디자이너 마커스와 다니엘 프라이탁 형제는 비 오는 날에도 안심하고 들고 다닐 수 있는 가방이 필요했습니다. 이들의 이동 수단이 자전거였기 때문입니다. 어느 비 오는 날, 형제의 눈에 질주하는 화물차의 화물칸을 덮은 방수포가 눈에 띄었고, 버려지는 방수포로 가방을 만들었습니다. 프라이탁의 시작은 이랬습니다.

쓰레기가 될 뻔했던 소방 호스며 화물차 방수포 등이 다시 살아나 쓰일 수 있었던 건 창의적인 아이디어 덕분입니다. 또 하나, 업사이클링 브랜드의 공통점은 세상에 하나밖에 없는 물건을 만든다는 점입니다. 낡은 소방 호스나 방수포 등은 어딘가에 얼룩이 묻고 글자가 새겨져 있고 구김이 있을 거예요. 다른 용도로 쓰이던 물건이 재료가 됐으니 당연합니다. 그런데 디자이너는 이 점을 충분히 활용해 그 위치에 그런 얼룩이나 글자, 구김이 있는 오직 하나뿐인 레어템으로 만들었습니다. 디자인과 실용성을 모두 갖춘 데다 쓰레기가 될 뻔했는데 새 물건이 돼 지구에 부담까지 덜 주니, 특히 프라이탁 같은 업사이클링 제품은 개념 있는 청년들이 좋아할 만한 조건을 두루 갖췄지요.

독일은 천연 자원 빈국입니다. 그래서 폐기물을 매우 중요한 자원으로 여깁니다. 이 말을 곱씹어 볼 필요가 있습니다. 우리나라 역시 독일과 사정이 다르지 않습니다. 천연 자원이 부족해 광물 자원의 90퍼센트, 에너지의

95퍼센트 이상을 수입하기 때문입니다. 2014년 기준, 우리나라 한 해 원자재 수입액은 371조 원가량입니다. 하루에 1조 원 이상을 수입하는 셈입니다. 우리나라 4대 수출 품목인 철강, 반도체, 자동차, 선박 수출액이 다 합쳐야 231조 원 정도이니 실로 엄청난 액수입니다. 이렇게 비싸게 수입된 자원은 소비된 뒤 폐기물로서 매립되거나 소각되며, 그 양이 연간 2,278만 톤에 이릅니다. 더욱 심각한 건 이렇게 매립 혹은 소각되는 폐기물 가운데 56퍼센트 이상은 고스란히 재활용 가능한 유용 자원이라는 사실입니다. 환경부와 한국폐기물협회는 이처럼 자원 낭비로 발생하는 문제를 알리고 해결하고자 9월 6일을 '자원순환의 날'로 지정했습니다. 9와 6은 거꾸로 해도 모양이 같아 순환을 의미합니다. 독일처럼 폐기물을 자원으로 여기고, 앞서 예로 든 업사이클링을 포함해 다양한 활용법을 궁리한다면 여러 측면에서 이득이 많을 겁니다. 재활용이나 재사용은 원료를 채굴하는 것에 비해 엄청난 에너지를 절약할 수 있으니 탄소 배출도 자연스레 줄일 수 있습니다. 참고로 독일은 폐기물을 자원으로 활용하면서 탄소 배출도 줄였습니다.

한 광고 회사가 중국 최대 명절인 춘절 기간 동안 주고받는 선물 포장에 쓰이는 종이 소비를 줄이고자 아이디어를 냈습니다. 신문지를 포장지로 활용했는데, 날짜 지난 신문지를 인쇄 기계에 넣으면 복福, 수壽 등 중국인이 좋아하는 글자가 좋아하는 붉은색으로 인쇄돼 나옵니다. 이 포장지는 신문지를 재활용해 종이를 아낀다는 취지에 공감하는 사람들 사이에서 인기 폭발이었습니다. 종이 소비가 줄어든 건 당연했습니다. 이처럼 소비에도 격이 있습니다. 어떤 소비를 할 것인가를 진지하게 고민하는 만큼 내 삶의 격도 올라갈 것입니다.

빈 병,
재활용할까
재사용할까

어릴 적 방학이면 이웃집에서 빌려 온 리어카에다 우리가 봤던 지난 학기 교과서며 날짜 지난 신문, 빈 병 등을 모아서 사 남매가 함께 고물상에 팔러 갔습니다. 아버지의 깔끔한 성격 탓에 우리는 그렇게 집안을 대청소했고 대신 고물을 팔아서 생긴 수입이 우리 사 남매에게 고루 돌아왔습니다. 쓰레기로 여겨지던 물건이 돈으로 바뀌는 과정도 신기했지만 고물상 아저씨는 대체 왜 돈을 주고 쓰레기를 살까 늘 궁금했습니다. 아마도 당시 고물상은 자원을 순환시키는 플랫폼이었던 것 같습니다. 물자가 귀하던 시절이라 자원을 회수해서 재사용하는 게 당연하던 시절이기도 했습니다. 비록 아버지 강압에 못 이겨 시작했던 일이지만 자원 순환에 조금이나마 기여했던 소중한 추억입니다.

제가 사는 아파트에서는 매주 수요일 오후부터 목요일 오전까지 재활용품을 분리배출합니다. 대체로 수요일 저녁에는 우리 집 분리배출을 담당하는 작은아이가 학교에서 돌아오자마자 모아 놓은 재활용품을 들고 나섭니다. 먹고 마시며 남긴 쓰레기도 있지만 대부분이 물건을 사면서 생긴 포장재입니다. 택배가 많았던 주에는 양이 엄청납니다. 집 안에서부터 플라스틱, 빈 유리병, 알루미늄, 비닐, 종이를 따로 분류해 모으기 때문에 어떤 게 유난히 많은지가 눈에 띕니다. 대체로 비닐, 플라스틱, 종이 순서입니다. 집에 손님이 오거나 식구들이 모두 모여 저녁을 먹는 날에 맥주라도 곁들이면 빈 병이 꽤 나오는데, 마트로 가져가 환불받는 게 귀찮아 재활용 분리배출할 때 슬쩍 함께 버리고는 했습니다. 그러다 안 되겠다 싶어 어느 날부터 빈 병만 따로 모았습니다. 모인 맥주병 일곱 개를 들고 처음으로 동네 슈퍼에 갔습니다. 아파트 바로 앞에 있는 규모가 작은 슈퍼는 빈 병을 받지 않는다고 했습니다. 분명 빈용기보증금제도가 있는데 거부하니 이상했습니다. 다른 곳에서 한 번 더 시도해 보기로 하고 대형 마트로 갔습니다. 그렇게 처음 빈 병을 돌려주고 받은 돈이 910원이었습니다.

빈 병은 재활용이 아니라 재사용해야 합니다. 빈 병을 재활용할 때는 병을 녹여서 새로 만듭니다. 원료를 재활용하는 측면은 있으나 여러 공정을 거치는 데에 여전히 에너지가 듭니다. 반면 빈 병 재사용은 병을 제조하는 데에 들어가는 여러 과정을 생략하고 세척 단계만 거치기 때문에 에너지 소비를 대폭 줄일 수 있습니다. 빈 병 재사용의 필요성을 말했을 때 큰아이가 반대 의사를 표시했습니다. 아이가 말하기를 음료수 병에서 유리 조각 같은 이물질이 나오는 일이 심심찮게 벌어진다고 합니다. 식품의약품안전처에 따르면 2016년 식품 이물 신고 건수는 5,332건이며 2012년부터 5년간 가장 많이 나온 이물질은 곰팡이였고 이어 머리카락, 플라스틱, 비닐 순이었습니다. 재사용을 마냥 환영할 수만은 없다는 아이의 생각도 이런 근거에서 비롯한 것이라 충분히 이해가 가고도 남았습니다. 그러나 구더기 무서워 장을 안 담글 수는 없는 노릇이니, 아이에게 단점을 개선하는 게 순서이지 단점 때문에 부정적인 견해부터 갖는 건 다시 생각해 봐야 하지 않겠냐고 이야기했습니다. 결국 아이는 제 의견을 받아들였고 마트로 빈 병을 들고 가서 몇백 원과 맞바꾸는 일을 계속하고 있습니다.

국내 한 생협에서는 빈 병 이어달리기라는 이름으로 빈 병을 재사용하고 있습니다. 그러면서 동참하는 조합원들에게 몇 가지를 당부했습니다. 일단 사용한 빈 병은 곧바로 병 내부를 물로 헹구는 게 중요합니다. 시간이

지나 내용물이 말라붙은 다음 씻으려 하면 바로 씻는 것보다 에너지가 최대 9배 더 들어가며, 내용물을 방치할 경우 심하면 미생물이 번식해서 재사용하지 못할 수도 있기 때문입니다. 그리고 깨끗이 씻은 빈 병에 이물질이 들어가지 않도록 가능하면 뚜껑을 닫는 게 좋습니다. 아울러 각 가정에서 이런 방법으로 빈 병을 관리하고, 정부 해당 부처에서 재사용 업체를 더욱 철저히 관리, 감독한다면 병 속 이물질 발생도 많이 줄어들 것입니다.

독일에는 판트 Pfand 라는 제도가 있습니다. 판트는 독일어로 보증금이라는 뜻입니다. 우리나라 빈용기보증금제도와 비슷한데 유리병뿐만 아니라 페트병과 캔도 환급해 줍니다. 독일은 2003년부터 판트를 도입해 운영하고 있으며, 환급액은 8~23유로센트입니다. 25유로센트면 우리 돈으로 320원 정도입니다. 우리나라 최대 환급액이 130원인 것과 비교가 됩니다. 판트로 환급할 수 있는 금액이 물건 값의 10퍼센트에 달하는 경우도 있어서 빈 병 재사용률은 높을 수밖에 없습니다. 최근 우리나라도 곳곳에 자판기처럼 생긴 수거함이 생기면서 이용하기에 편리합니다. 독일의 빈 병 재사용 횟수는 40회, 핀란드

30회, 일본 24회, 우리나라는 8회 정도입니다. 자원과 에너지 낭비 측면에서는 우리가 독일보다 잘사는 나라인 것만 같습니다.

빈 병 하나를 깨끗이 갈무리해서 재사용하면 이산화탄소가 300그램 정도 덜 발생합니다. 이것은 컴퓨터 모니터를 10시간 켜 놓거나 청소기를 1시간 30분 돌렸을 때 발생하는 양과 같으며, 소나무 묘목 한 그루를 심는 효과와 맞먹습니다. 약간의 번거로움만 치르면 소나무 묘목 한 그루를 심는다는데 그 번거로움을 마다할 이유가 있을까요?

쓰레기 제로 마을

얼마 전, 다 쓴 식용유 통을 재활용 바구니에 넣으려다가 다시 가져왔습니다. 식용유 통 속에 기름기가 아직 남아 있고 종이 상표가 붙어 있었기 때문입니다. 남은 기름기를 제거하려다 몸체와 뚜껑이 분리가 되지 않는다는 사실을 알았습니다. 같은 플라스틱이라 해도 뚜껑과 통을 만든 재질이 다른데 이대로 버린다면 어떻게 재활용될까 싶었습니다. 일단 겉에 붙은 종이 상표를 물에 불려 떼어 내고 통 안쪽으로 어렵사리 비눗물을 넣어 완벽하진 않지만 기름기를 제거했습니다. 그러고 나니 다른 재활용품 상태도 궁금해졌습니다. 베란다에 있던 재활용품 바구니를 쏟아 놓고 하나씩 들여다봤습니다. 상표가 그대로 붙은 것, 내용물이 용기 내부에 그대로 말라 버린 것, 복합 재질로 만든 음료수 캔까지 다시 손봐야 할 것 천지였습니다. 식구들 중 누군가가 귀찮아서 슬쩍 던져 놨던 것들입니다. 집집마다 분리 배출한 물건이 과연 제대로 재활용 흐름으로 들어갈 수 있을까 의구심이 들었습니다. 그러다 또 드는 생각은 '나 하나 열심히 분리 배출한들 무슨 소용이 있을까'였습니다. 이런 생각이 물꼬를 트자 번거롭고 귀찮은 이 일을 관둬야 할 핑계를 백 가지도 댈 수 있을 것 같았습니다.

평계를 찾는 일에 브레이크를 걸어 준 건 한 다큐멘터리로, 일본 시코쿠섬 동쪽 도쿠시마현 가미카쓰 마을에서 벌이는 쓰레기 제로 운동을 소개하고 있었습니다. 평균 해발 700미터 이상인 산에 둘러싸인 이 마을은 2018년 1월 기준으로 인구 1,556명, 이 가운데 절반 이상이 65세가 넘은 고령 마을입니다. 이 마을에서는 분리배출 종류를 34가지로 정했습니다. 깨끗한 플라스틱, 뜨거운 물로도 제거되지 않는 기름이 묻은 플라스틱처럼 같은 플라스틱이라도 오염 정도에 따라 세세하게 구분해 배출합니다. 가미카쓰 주민들이 처음부터 분리배출을 잘했던 건 아니었어요. 산촌이다 보니 임업이 주를 이뤘고 나무를 벌채하면서 나오는 부산물을 태우며 쓰레기도 함께 태웠습니다. 그러다 보니 생활 쓰레기는 그냥 야산에 투기하기에 이르렀습니다. 변화의 시작은 가미카쓰 마을 인근에 사는 사람들까지 이곳에다 쓰레기를 버려 마을 전체가 쓰레기장으로 변하면서부터였습니다. 1990년대 초까지 집집마다 소각장이 있어서 비닐, 타이어 등 모든 생활 쓰레기를 태워 없앴습니다. 그러나 화재가 빈번해지자 마을에 소각장을 만들었는데 계속 쓰레기가 늘어나서 소각장을 또 하나 만들어야 하나 말아야 하나 고민하다가 아예 소각장을 다 없애기로 결정했습니다. 소각이 환경을 파괴하고 사람 건강에 해롭다는 것, 쓰레기를 없애야 마을이 살 수 있다는 걸 알게 된 거지요. 쓰레기 제로 운동은 2003년부터 시작했습니다. 지금 가미카쓰 마을 쓰레기의 80퍼센트는 재활용하고 음식물 쓰레기는 100퍼센트 퇴비로 쓰며, 나머지는 매립합니다. 취재를 하는 쪽에서 번거롭지 않느냐고 질문을 던지니 당연히 번거롭다는 대답이 돌아왔습니다. 다만 번거로움의 대가를 알기에 마을 사람들은 이런 노력을 하는 거겠지요.

재활용이 제대로 되려면 무엇보다 분리배출이 잘 돼야 합니다. 플라스틱은 오염 물질이 남지 않도록 깨끗이 헹구고 붙은 종이나 비닐 라벨을 떼고 뚜껑을 분리해야 합니다. 참기름 병은 브랜드와 상관없이 포장재가 대체로 동일합니다. 진한 갈색 유리병에 플라스틱 캡 그리고 종이 라벨이 붙어 있습니다. 이걸 버리려면 제일 먼저 플라스틱 캡과 유리병을 분리해야 하는데 이 과정이 쉽지 않습니다. 저도 다칠 뻔했던 적이 여러 번 있으니까요. 일본에는 이 캡을 제거하는 도구도 시판하는 걸로 압니다. 시민들이 문제의식을 갖고 요구하면 시장은 그에 따라 움직입니다. 저는 실리콘 냄비 받침 위에 다 쓴 기름병을 눕히고 커터 칼로 조심스럽게 플라스틱 캡을 제거합니다. 그리고 병 안에 묻은 기름기를 뜨거운 물과 설거지용 세제를 이용해서 제거합니다. 마지막으로 종이 스티커가 남습니다. 요즘은 잘 떼어지는 스티커도 있지만 대부분 기름병에 붙은 종이 스티커는 분리가 쉽지 않습니다. 가라앉도록 병에 물을 가득 담아 싱크대에 며칠 담가 둡니다. 그러면 종이 스티커가 잘 떼어집니다. 며칠에 걸쳐 이런 복잡하고 번거로우며 때론 위험을 감수해야 하는 과정을 거치다 보면 이토록 재활용이 힘든 병을 생산하도록 내버려 둔 시스템에 분노가 치밉니다. 저는 이런 분노를 시민 한 명 한 명이 느끼길 바랍니다. 그래야 시스템이 바뀔 테니까요. 번거롭기 때문에 재활용이 불가능할 거라는 걸 알아도 그냥 버리는 개인에게 책임을 물을 수는 없습니다. 생산할 때부터 재활용이 쉽도록 시스템을 바꾸면 재활용률은 높아질 수밖에 없습니다. 재활용을 잘하자는 구호에만 그치고 실제 어떻게 분리배출을 해야 하는지에 대한 안내가 미흡한 점도 아쉽습니다. 환경부가 발표한 제5차 전국 폐기물 통계 조사를 보면 종량제 봉투 안에 담긴 폐기물 가운데 53.7퍼센트가 재활용 가능한 종이, 플라스틱, 유리, 금속 등이었습니다.

　시스템이 바뀔 때까지 현 시스템에서 재활용률을 높일 수 있는 최선은 분리배출을 엄격하게 하는 것이지만, 이보다 선행돼야 할 게 있습니다. 바로 개개인의 재활용과 소비에 대한 인식 변화입니다. 재활용은 소비 이후가 아니라 최소한의 소비를 전제로 생각해야 합니다. 재활용은 만능이 아니며 소비의 면죄부가 돼서도 안 됩니다. 무엇보다 쓰레기 발생을 최소화하는 게 전제돼야 합니다. 이런 생각이 바탕이 돼야 순환할 수 있는 재질로 제품을 만들고, 그 제품을 거둬들여 재활용하는 시스템을 구축할 수 있습니다. 관련 행정 기관에서는 그냥 버려지는 많은 물품이 귀한 자원이라는 사실과 더불어 재활용 원리나 과정, 사례도 시민에게 더욱 친절히 안내해 주면 좋겠습니다. 지속 가능한 사회는 이처럼 재활용품을 깨끗이 관리해서 내놓는 일 같은 작은 수고로움에서 시작됩니다. 그리고 큰 틀에서 보면 이 작은 수고로움은 결코 작지 않으니까요.

에너지

소비

불타는 호주, 다음은 어디일까

바누아투 공화국은 남태평양 해수면이 상승하면서 섬 전체가 피해를 보고 있습니다. 견디다 못한 선주민들은 해수면 상승의 원인인 석탄 수출을 막아 보자고 결의합니다. 카누 십여 척을 가지고 석탄 수출 화물선이 출항을 앞둔 호주의 한 항구로 향합니다. 카누와는 비교도 안 되는 거대 석탄 화물선 앞을 가로막지만 출동한 호주 경찰의 저지에 이들 카누는 동강이 납니다. 일부는 물에 빠지기도 했는데 주변에서 함께 시위를 하던 시민들이 건져 올리자 선주민 한 명은 눈물을 펑펑 쏟으며 대성통곡을 합니다. 그 눈물에는 많은 사연이 담겨 있을 것입니다. 어느 다큐멘터리에서 본 장면으로, 제목은 잊었지만 그 장면은 시간이 흘러도 쉽게 잊히지 않을 것 같습니다.

2019년 8월부터 시작된 호주 산불은 약 6개월이 지난 2020년 2월에야 겨우 진화됐습니다. 산불 당시 그야말로 불바다가 돼 버린 숲에서 날름거리는 화마를 피해 달아나는 캥거루, 온몸에 화상을 입고 구조된 뒤 물을 받아 마시는 코알라 모습을 보고 있자니 가슴이 미어졌습니다. 이 산불로 야생 동물 10억 마리 이상이 희생됐다지요. 가장 큰 피해를 입은 동물은 코알라였습니다. 코알라는 특히나 움직임이 느린 데다 먹이 식물인 유칼립투스는 기름져서 불이 붙으면 나무가 바로 불기둥으로 변합니다. 그러면 그 위에 있는 코알라는……. 그 다음 벌어질 일은 상상조차 두렵습니다. 호주 시민들이 어른 아이 할 것 없이 코알라를 구조하려 노력했지만 워낙 불길이 거세서 모두를 구하기에는 역부족이었습니다. 코알라는 유일하게 호주에만 서식하니 호주에서 멸종하면 곧 지구에서 멸종하는 것과 같습니다. 이번 산불로 개체 수가 급감하면서 코알라는 독자적으로는 생존할 수 없는 '기능적 멸종' 상태에 이르렀는데, 코알라에게는 이거야말로 대멸종일 것입니다. 그리고 이 대멸종은 운석이 떨어져서 생긴 게 아니라 우리 인간이 불러들인 거지요.

왜 인간이 불러들인 멸종일까요? 연일 계속된 가뭄과 강풍 그리고 폭염으로 호주 남동부부터 타들어 가기 시작해서 호주 전 대륙으로 번진 이번 산불의 원인으로 과학자들은 입을 모아 기후 변화를 지목했습니다. 위성 사진에도 시뻘건 불길이 찍힐 만큼 심각했던 아마존 산불, 아마존 산불보다 3배 큰 규모로 발생한 시베리아 산불* 그리고 시베리아 산불의 2배 이상 규모인 호주 산불에 이르기까지 전 세계 산불은 규모가 점점 커지는 양상입니다. 놀라운 사실은 이토록 과학과 기술이 진일보한 21세기에도 산불을 끄려면 결국 비가 내려야 한다는 겁니다. 그러니 우리가 언제까지고 과학과 기술에 모든 걸 내맡겨 둬도 될까요? 산불 조기 대응에 소극적으로 대처한 스콧 모리슨 호주 총리는 시민들의 비난을 한 몸에 받았습니다. 호주 산불의 원인이 기후 변화가 아니라는 발언 때문입니다. 그가 이렇게 발언한 배경에는 석탄 산업이 있습니다. 호주는 전 세계 석탄의 1/3을 수출합니다. 호주의 주요 산업 기반은 화석 연료인 석탄과 천연가스 수출입니다. 호주 산불로 대기 오염 또한 심각해져 화재 현장에서 약 1,600킬로미터 떨어진 뉴질랜드 일부 지역도 호주에서 넘어온 대기 오염 물질로 뒤덮였습니다. 특히나 눈 덮인 뉴질랜드 빙하는 이 물질 때문에 누렇게 변했습니다. 누렇게 변한 빙하는 햇빛을 반사하지 못해 더 빠르게 녹습니다.

*시베리아 산불로 남한의 1/3에 맞먹는 면적이 잿더미가 됐습니다. 또한 러시아 연방항공산림보호청에 따르면 2020년 7월 말 기준으로 러시아에서는 산불이 140여 건 발생해 6만 7,000헥타르 규모의 산림이 피해를 입었습니다.

기후 변화를 기후 위기라 바꿔 부르기도 합니다. 지구에서 생존하는 일 자체를 걱정하는 글로벌 환경 단체들은 '기후 비상사태'로 한 단계 더 절박함을 단어 속에 박아 넣었습니다. 지금 우리 공동의 집인 지구는 불타고 있기 때문입니다. 그렇다면 지구가 불타도록 만든 가장 큰 책임은 누구에게 있을까요? 2018년 폴란드 카토비체에서 열린 제24차 기후변화협약 당사국 총회장에서 스웨덴 출신 청소년 툰베리는 "정치인들은 기후 위기를 해결하기 위해 아무것도 하지 않아요!"라고 발언했습니다. 그 자리에서 듣고 있던 수많은 정치인은 아무런 대꾸도 하지 못했습니다. 발언 내용이 모두 사실이기 때문입니다. 화석 연료의 단맛에 취해 쉼 없이 꺼내고 쉼 없이 소비했습니다. 그리고 쉼 없이 탄소를 배출했습니다. 그렇게 꺼내고, 소비하고, 배출했던 것들이 지구를 뜨겁게 덥히며 부메랑이 돼 돌아오고 있습니다. 호주 산불을 비롯한 이 아포칼립스의 최종 목적지는 바로 우리, 호모 사피엔스입니다.

2019년 1월 5일 세계 153개국 과학자 1만 1,258명은 지구가 기후 비상사태에 직면하고 있다는 공동 성명을 발표했습니다. 이날은 1979년 스위스 제네바에서 열린 제1차 세계기후회의에서 50개국 과학자들이 기후 변화에 대한 시급한 행동이 필요하다고 문제 제기한 지 꼭 40년 되는 날이었습니다. 이후 리우 정상 회의, 교토 의정서, 2015년 파리 기후협약까지 있었지만 온실가스 배출량은 계속 증가했습니다. 40년 전에도 이미 지구 상황은 좋지 않았습니다. 그 40년을 우리, 더 정확히는 정치인과 자본가 들은 귀 닫고 지내며 점점 더 많은 온실가스를 배출했습니다. 이제 과학자들은 지구 위기를 되돌릴 시간이 정말 얼마 남지 않았다고 합니다.

바누아투 선주민의 흐느끼던 모습이 불타는 호주와 자꾸 오버랩됐습니다. 시작은 바누아투였지만 호주도 결국 기후 위기 피해를 빗겨 가지 못했습니다. 그리고 그 피해는 앞으로 전 지구를 덮칠지 모릅니다. 오죽하면 전시 체제에 준하는 마음으로 기후 비상사태를 인지하고 대책을 수립해야 한다는 말이 터져 나올까요. 더 늦기 전에 우리 삶에 대대적인 전환을 이뤄 내야 하지 않을까요?

미세 먼지,
남 탓 아닌
내 탓

기차를 타고 남녘으로 가던 길에 본 미세 먼지는 대단했습니다. 세상이 마치 운무에 완전히 묻힌 듯했습니다. 운해라고 상상하니 차창 밖 풍경은 볼 만했습니다. 기가 차지만 이렇게라도 생각하지 않으면 미세 먼지 공포에 질릴 것 같았거든요. 2017년 기준 서울시 미세 먼지 PM2.5 초과 일수는 63일로, 5.8일에 하루 꼴로 기준치 35㎍/㎥ 를 넘어섰고, 세계보건기구 국제암연구소 IARC 는 미세 먼지를 인체에 치명적인 1급 발암 물질로 규정했습니다.

2019년 5월에 종료되긴 했지만 정부는 유류세 15퍼센트를 6개월간 한시적으로 인하한 적이 있습니다. 국제 유가는 하락하는데 국내 유가는 그에 못 미친다는 비판이 꾸준히 제기되던 터에 내린 결정이었습니다.* 때마침 미세 먼지가 기승을 부리는 겨울, 봄 기간과 겹쳐 환경을 걱정하는 이들 사이에서 불만이 터져 나왔습니다. 국제 유가가 하락하는 이유를 살펴볼 필요가 있습니다. 여러 이유가 있겠지만, 기후 변화 대책으로 탄소 배출을 줄

* 기름 값이 조금이라도 싸진다면 운수업을 하는 개인이나 영세한 사업자에게 당장은 어느 정도 도움이 되겠지만 큰 틀에서 보면 조삼모사입니다. 오히려 거둬들인 유류세로 세금을 감면하거나 복지를 확충하거나 대중교통 같은 공공 인프라를 구축하는 게 더욱 지속 가능한 대처라 생각합니다.

이려는 세계적 움직임도 유가 하락에 영향을 미쳤습니다. 내연 기관이 없는 전기 자동차와 재생 에너지 개발, 보급으로 점점 원유 수요가 감소하는 추세가 국제 유가를 떨어트린 주요인입니다. 한편, 우리나라는 전력 생산에 따른 탄소 배출량이 전 세계 열 손가락 안에 들만큼 많습니다. 이런 형편에 유류세 인하는 기름 소비를 부추긴다는 점에서 세계 흐름에서도 동떨어지며 미세 먼지도 더욱 악화시키는 결정이었습니다.

국내에 이런 문제가 있는데도 우리는 자꾸 미세 먼지 원인을 바깥에서 찾으려 합니다. 「죽음을 부르는 중국 미세 먼지」라는 자극적인 제목을 단 뉴스만 봐도 그렇습니다. 이 뉴스는 네이처 Nature 에 실린 논문을 인용해 중국발 미세 먼지 때문에 한국과 일본에서 조기 사망한 사람 수가 한 해에 3만 여 명이나 된다고 전했습니다. 숨이 턱턱 막힐 만큼 공포스러운 내용이었습니다. 이후 우연히 그 논문을 조금 더 자세히 살펴볼 일이 생겼습니다. 논문은 국제 무역으로 발생하는 대기 오염이 얼마나 멀리 확산하고, 건강 관점에서 다른 나라에 얼마나 영향을 미치는지를 비교 연구하는 게 요지였습니다. 그리고 미세 먼지가 이동하며 다른 나라에 미치는 영향보다 국제 무역으로 오염 물질이 다른 나라로 전해지는 게 훨씬 큰 영향을 미친다고 결론 내렸습니다. 2007년 중국발 미세 먼지로 말미암은 조기 사망자 추정치는 전 세계에서 6만 4,800여 명이었지만 서유럽과 미국에서 소비할 물건을 생산하느라 발생한 미세 먼지로 중국에서는 10만 8,600여 명이 조기 사망했습니다. 아울러 국내 소비를 하느라 다른 나라에 가장 영향을 많이 미친 곳은 서유럽이었습니다. 서유럽에서 소비하는 물건을 생산하느라 발생한 미세 먼지로 서유럽이 아닌 다른 나라에서 17만 3,000여 명이 조기 사망한 것으로 추정했습니다. 그 다음은 미국이 10만 2,000여 명, 우리나라를 포함한 기타 아시아 국가가 8만 4,000여 명의 조기 사망에 책임이 있는 것으로 나타났습니다.

사람 목숨을 두고 많고 적음을 따지는 건 외람되지만 언론에서 공포심을 조장하며 미세 먼지를 중국 탓으로만 몰아가는 분위기는 불편합니다. 산업통상자원부에 따르면 2019년 12월 3주 동안 겨울철 전력 수급 및 석탄 발전 감축 대책에 따라 석탄발전소** 9~12기를 가동 중

지하고 20~47기에 대해 출력을 80퍼센트까지 줄여 본 결과, 미세 먼지PM2.5 배출량이 2018년 같은 기간보다 약 36퍼센트 줄어드는 효과***가 있었습니다. 서울시 보건환경연구원은 최근 고농도 미세 먼지PM2.5의 원인****으로 국내 요인이 더 컸다고 발표했습니다. 미세 먼지가 최근 부쩍 심해진 데에는 기후 변화도 영향을 미쳤습니다. 겨울철 우리나라에서는 풍속이 약한 유형의 기압 배치가 자주 보입니다. 기후 변화 때문에 전 세계적으로도 풍속이 약해지고 있지만 특히 동아시아 쪽 풍속 감소가 가장 큽니다. 기온이 떨어지면 대기가 쾌청하고 기온이 올라가면 미세 먼지 농도가 올라가는 게 바로 이 때문입니다.

자잘한 일상 용품에서 큰 가전제품까지 우리가 쓰는 상품 가운데 중국에서 생산하지 않은 걸 찾기란 이제 쉽지 않습니다. 내가 먹을 음식을 옆집에 부탁해 놓고는 옆집 굴뚝에서 나온 연기로 내 눈이 맵고 기침이 나온다고 옆집 탓만 할 수는 없지 않을까요?

** 2019년 3월 기준, 우리나라에서 가동되는 석탄발전소는 61기(총 설비 용량 36.8기가와트)입니다. 여기에 5.4기가와트 규모의 석탄발전소가 건설되고 있으며, 추가로 2.1기가와트 규모의 발전소가 건설될 예정입니다. 아울러 충청남도에 있는 당진 1~4호기를 포함한 14기(7.6기가와트)에 대해서는 성능을 개선해 수명을 10~20년 연장하는 사업이 진행되고 있습니다.

*** 2018년에 1,284톤이었던 미세 먼지(PM2.5)가 828톤으로 줄어드는 효과를 확인했습니다. 전력 수급 상황은 예비력 1,043만~1,447만 킬로와트(예비율 12.9~18.8퍼센트) 수준에서 안정 관리, 유지된 것으로 나타났습니다.

**** 석탄화력 발전소에서는 우리 호흡기에 나쁜 영향을 미치는 미세 먼지(PM2.5)와 기후 변화의 주범인 온실가스가 나옵니다.

비행기 여행의
부끄러움

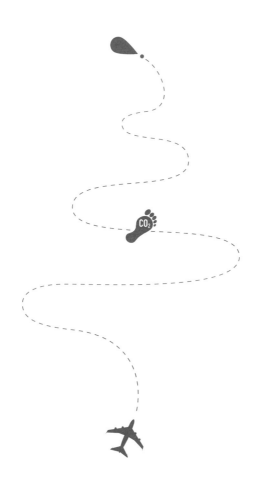

패션 잡지에서 사진이 사라졌습니다. 세계적인 록 밴드가 콘서트를 잠정 중단했습니다. 이유는 모두 환경 때문입니다.

보그 이탈리아 2020년 1월호는 표지를 비롯한 모든 사진이 일러스트로 대체됐습니다. 잡지 한 권을 만들면서 배출하는 탄소가 너무 많다는 반성에서 내린 결정이었습니다. 보그 이탈리아는 2019년 9월호를 작업하면서 150여 명이 비행기를 20차례, 기차를 12회 탔고, 자동차 40대와 국제 배송 60여 건을 이용했습니다. 사진을 찍느라 조명을 10시간 정도 켰고, 잡지 작업을 하면서 스텝들이 먹고 버린 음식물 쓰레기도 많았습니다. 보그 이탈리아 편집장은 홈페이지에다 이렇게 환경에 부담을 주는 많은 요인을 일일이 열거했습니다. 그러면서 2020년 1월호는 운송 영역을 비롯해 환경에 영향을 주는 요인을 최소화해 제작했으며, 옷 사진을 찍지 않고도 옷에 대해 말할 수 있다는 걸 보여 주고 싶었다고 했습니다. 보그 이탈리아는 이런 시도로 절감한 제작비를 몇 년째 홍수로 피해를 입고 있는 베네치아의 문화 복구에 쓸 예정입니다.

콜드플레이는 2019년 11월, 콘서트가 환경에 미치는 영향을 고려해 콘서트를 잠정 중단한다고 밝혔습니다. 다섯 개 대륙에서 112번 공연하는 동안 직원 109명, 트럭 32대, 운전기사 9명과 함께 다녔다고 합니다. 이들이 남긴 탄소 발자국은 계산조차 하기 어렵습니다. 물론 예술 활동으로 배출되는 탄소에까지 환경이라는 잣대를 들이대는 것에 모든 사람이 동의하는 건 아닙니다. 예술 영역마저 그런 시각으로 본다면 할 수 있는 예술이 뭐가 있느냐는 볼멘소리도 있습니다.

1989년 1월 1일은 우리나라 국민이면 누구나 해외여행을 자유롭게 할 수 있는 첫날이었습니다. 2018년 우리나라를 찾은 외국인은 1,534만 6,879명이고 나라 밖으로 나간 내국인은 2,869만 5,983명입니다. 숫자로만 보면 인구의 반 이상이 해외에 다녀온 셈입니다. 해외여행 자유화가 시작된 1989년에 외국을 다녀온 내국인 수 121만 3,112명와 비교해 보면 30년 동안 20배 이상 증가한 걸 알 수 있습니다. 세계 항공사들은 2006년에 20억 명, 2018년에는 80억 명을 수송했습니다. 2017년 기준으로 전 세계에는 약 2만 4,400대 항공기가 운행됐으며, 2037

년에는 4만 8,540대로 증가하리라 예측합니다.* 숫자로만 보면 세계 인구보다 많은 사람이 전 세계를 비행기로 돌아다닌 셈입니다. 저비용항공사LCC도 해외여행을 폭발적으로 늘리는 데에 크게 영향을 끼쳤습니다.

전 세계에서 항공 이용객이 늘고 있지만, 반대로 감소하는 곳도 있습니다. 2019년 스웨덴에 이어 독일도 항공기 이용객 수가 줄었습니다. 2019년 독일 정부는 항공료에 세금을 올리고 기차 요금에는 세금을 내렸습니다. 오스트리아 정부는 철도망을 확충하고 항공 요금에는 세금을 더 붙이기로 했습니다. 유럽 여러 나라가 항공 정책에 손을 대는 건 비행기가 지구 온난화에 끼치는 영향이 상당하기 때문입니다. 승객 한 명이 1킬로미터를 이동할 때 배출되는 이산화탄소를 비교해 보면 비행기는 285그램, 기차는 14그램으로 비행기가 기차보다 20배 많습니다. 2018년 항공 업계는 2억 7,600억 톤 연료를 제트 엔진에 사용했습니다.** 이 양은 전 세계 석유 생산량의 7퍼센트에 해당되고, 전 세계 이산화탄소 직접 배출량의

* https://www.mk.co.kr/news/it/view/2018/10/628595/

** http://www.futuretimes.co.kr/news/articleView.html?idxno=13426

2.7퍼센트를 차지하는 양입니다. 더구나 비행기가 운행될 때 나오는 배기가스가 난기류를 형성하면서 대기 속 열을 가두는 것도 지구 온난화에 영향을 미칩니다. 상황이 이런데도 빈 비행기가 하늘을 날기도 합니다. 2015년 한 해 프랑스에서 에어버스 1,700대가 승객 없이 하늘을 날았습니다. 승객이 없어도 비행기를 띄우는 데에는 나름 이유가 있습니다. 항공사가 특정 공항에서 특정 날짜, 특정 시각에 운항계획된 출발, 도착 할 수 있도록 배정된 시간을 슬롯이라 하는데, 이 슬롯을 확보하려면 승객이 없어도 비행기를 띄워야 합니다. 슬롯은 승객이 몰리는 황금 시즌에 엄청난 자산 가치가 있기 때문입니다. 항공사 입장에서는 그게 결국 이득일지 몰라도 지구 전체로 보면 어마어마한 손해가 아닐 수 없습니다.

운송 수단 중 가장 탄소를 많이 배출하는 비행기. 최근 유럽에서는 비행기 여행을 줄이려는 움직임이 일고 있습니다. 대표적인 것인 플뤼그스캄flygskam 입니다. 플뤼그스캄은 스웨덴어로 '비행기 여행의 부끄러움'이라는 뜻입니다. 보그 이탈리아나 콜드플레이의 선언적인 행동이 끼친 영향도 있고, 스웨덴 환경 운동가 그레타 툰베리가 비행기 대신 무동력 요트를 타고 대서양을 건너 미국으로 가면서 플뤼그스캄 운동에 불이 붙었습니다. 핀란드, 독일, 네덜란드 등에서도 플뤼그스캄과 뜻이 같은 단어***가 생겨나고 있습니다. 스웨덴 사람들은 한발 더 나아가 '기차 여행의 자부심'을 뜻하는 탁쉬크리트tagskryt 라는 단어도 사용하기 시작했습니다. 어디든 마음대로 여행할 자유는 누구에게나 있습니다. 다만 내 자유가 우리 모두의 집인 지구에 부담이 된다면 그래서 인류 생존을 위협하는 데에 가세한다면, 그 자유를 누리는 방식에 대해 한번쯤 재고해 봐야 합니다.

*** 핀란드어로 렌토하페어(lentohapea), 독일어로 플루크샴(flugscham), 네덜란드어로 빌릭샴트(vliegschaamte)는 모두 '비행기 여행의 부끄러움'을 뜻하는 단어들입니다.

화장실 없는 집에
요강만 들이는
무지

옛 사람들은 화장실을 해우소라 부르기도 했습니다. 근심을 놓아 버리는 곳이란 뜻인 해우소는 생각할수록 절묘한 표현입니다. 더 이상 필요치 않은 걸 얼른 내보내지 않으면 근심거리가 됩니다. 옛 사람들의 지혜가 시간이 흐르며 다 사멸해 버린 걸까요? 근사하게 지어진 집에 살려고 갔더니 화장실이 없습니다. 살면서 해결하지 싶어 일단 이사를 합니다. 당장 오물을 해결하고자 임시로 요강을 하나 장만합니다. 금세 요강이 찹니다. 어쩐 일인지 그 동네는 오물을 버릴 곳이 없습니다. 그래서 요강을 하나 더 삽니다. 요강 숫자가 점점 많아지니 요강을 들여놓을 공간도 점점 부족해집니다. 요강 사이 간격을 좁혀도 집안 전체에 사람이 잠잘 곳만 빼면 죄다 요강으로 가득 찹니다. 이럴 때 문제 해결 방법은 뭘까요? 아주 큰 요강을 집 옆에다 짓는 걸까요? 요강은 해법이 아닙니다. 결국은 거기도 다 찰 테니까요. 화장실을 만들어야지요. 그런데 도저히 화장실을 만들 여건이 아니라면 그 집은 폐쇄하는 게 정답입니다.

우주에 존재하는 모든 물질은 원자로 이뤄져 있습니다. 원자는 양성자와 중성자로 구성된 원자핵과 그 주위를 도는 전자로 구성됩니다. 핵발전소 원료는 우라늄으로, 이 우라늄의 원자핵은 특이하게도 중성자를 흡수하면 핵이 쪼개집니다. 이를 핵분열이라고 부르며 이때 많은 에너지가 나옵니다. 이 에너지를 이용해서 전기를 생산하는 곳이 핵발전소입니다. 우라늄 1그램이 핵분열하면서 낼 수 있는 에너지가 석유 1,800리터, 석탄 3톤이 탈 때 내는 에너지와 비슷합니다. 분열 과정에서 많은 에너지와 함께 중성자가 2~3개 나옵니다. 우라늄은 또 중성자를 흡수하고 분열하고 엄청난 에너지를 내고 이렇게 연쇄적으로 분열이 일어나면 그게 핵폭탄입니다. 핵발전과 핵폭탄은 같은 원리입니다. 다만 핵발전소는 핵폭탄처럼 연쇄적으로 분열이 일어나지 않도록 속도를 조절합니다. 또 다른 점은 핵발전소원자로 1기 에 들어가는 우라늄 양1,000톤이 핵폭탄0.1톤 의 1만 배나 많다는 점입니다. 핵분열이 일어나면서 나오는 방사능의 위험성은 이미 후쿠시마 사고를 통해 접했습니다. 우리나라에서도 2019년 영광 한빛 핵발전소 1호기 격납고에서 화재가 발생했고, 4호기 격납고에서 157센티미터짜리 구멍을 비롯해 크고 작은 공극 200여 개가 발견되는 등 너무나 많은 사고가 그간 끊이지 않았습니다. 그러나 핵 산업계는 안전하게 운영하고 있다는 공허한 말만 되풀이합니다. 그렇다면 핵발전은 사고만 안 나면 환영할 만한 발전일까요?

연탄을 때고 나면 연탄재가 남듯 핵발전소도 연료인 우라늄을 태우고 나면 쓰레기가 나옵니다. 그걸 고준위 방사능 폐기물^{이하 핵폐기물}이라 부릅니다. 간단히 말하면 핵쓰레기입니다. 이해를 돕고자 연탄재와 비교했지만 핵폐기물은 사실 연탄재와는 비교도 안 되는 엄청난 독성물질입니다. 맨눈으로 핵폐기물을 몇 분만 쳐다봐도 즉사할 만큼 맹독성입니다. 그래서 적어도 10만 년 동안 생물체와 완전히 격리된 상태로 안전하게 보관해야 합니다. 10만 년이란 세월은 대체 어느 정도 시간일까요? 5,000년 전에 단군 할아버지가 고조선을 건국했습니다. 그 세월이 스무 번이나 지나야 가 닿는 그런 시간입니다. 핵폐기물은 핵발전소를 가동하는 동안 쉼 없이 나옵니다. 문제는 이런 핵폐기물을 영원히 안전하게 보관할 쓰레기장이 없습니다. 정확히는 영원히 안전하게 보관할 기술이 없습니다. 우리나라뿐만 아니라 핵발전소를 운영하는 세계 30여 개 나라 어디에도 말이지요. 현재 우리나라에서 가동되는 24기* 핵발전소 모두 핵폐기물을 임시로 저장

하고 있습니다. 2019년 기준 우리나라 임시 저장 시설은 포화율이 90.3퍼센트입니다. 그렇다면 앞으로 영구 저장 기술이 개발될까요? 알 수 없는 일이지만 거의 불가능해 보입니다. 핵발전소를 보유한 기술 선진국들이 핵발전소를 닫고 있거든요. 방사능 위험도 위험이지만 사고가 발생했을 때 들어가는 천문학적인 비용도 부담이고 무엇보다 핵폐기물을 처리할 해법이 없기 때문입니다. 미국 루이지애나 리버벤드 핵발전소를 운영하는 엔터지 Entergy 사는 연방 에너지부를 연방 법원에 고소했습니다. 1985년 발전소 운영 계약 당시 연방 에너지부가 1998년까지 사용후핵연료 핵폐기물 영구 처분장 확보를 보장했지만 20년 이상 확보에 실패했기 때문에 계약 위반으로 막대한 손해를 끼쳤다는 게 고소 이유입니다.** 요구한 배상액은 3,500만 달러이며, 이전에도 연방 에너지부는 2번에 걸쳐 엔터지사에 수천만 달러를 배상한 적이 있습니다.

---

* 2020년 기준 우리나라에 있는 핵발전 시설은 총 26기입니다. 이 가운데 고리 1호기는 2017년 7월에 영구 정지했으며, 월성 1호기도 2019년 12월에 영구 정지하기로 결정했습니다.

** https://www.businessreport.com/article/entergy-sues-feds-for-not-disposing-of-st-francisville-produced-nuclear-waste

월성 핵발전소 원자로는 우리나라 다른 핵발전소 원자로와 달리 중수로형입니다.*** 중수로에서는 핵폐기물이 경수로에 비해 4.5배나 많이 나옵니다. 월성 핵발전소는 2021년 11월에 완전 포화가 예상됩니다. 쓰레기를 처리할 곳이 없어 문을 닫을 지경에 이르자 원자력안전위원회는 2020년 1월, 월성에 핵폐기물을 보관하는 맥스터를 더 짓기로 결정했습니다. 경주에는 이미 우리나라 전체 핵폐기물의 절반 이상이 있을 뿐만 아니라 중저준위 방사능 폐기물**** 저장 시설도 있습니다. 그런데 이곳에다 영구 시설도 아니고 임시 저장 시설을 또 만들면서까지 발전소를 돌리겠다고 합니다. 월성 핵발전소에서 생산하는 전력은 전체 전력의 2.5퍼센트입니다, 25퍼센트도 아니고요. 대체 왜 그래야 할까요? 핵폐기물에 대한 해법 없이 시작된 핵발전소는 화장실이 없는 잘 지은 집인 셈입니다. 화장실 없는 집은 분명 문제가 있습니다. 이 문제를 해결하는 유일한 방법은 계속 요강 개수만 늘리는 게 아니라 집을 폐쇄하는 것입니다.

*** 원자로 안에서 우라늄의 원자핵이 중성자를 쉽게 흡수해 핵분열 연쇄 반응이 잘 일어날 수 있도록 중성자 속도를 늦추는 걸 감속재라 합니다. 원자로는 사용하는 감속재에 따라 둘로 나뉩니다. 감속재로 중수를 사용하면 중수로, 경수를 사용하면 경수로입니다.

**** 중저준위 방사능 폐기물은 방사선 작업에 사용한 작업복, 장갑, 각종 교체 부품 등 방사능 세기가 비교적 약한 폐기물을 가리킵니다.

新 삼국지,
우리는
어디를
따를 것인가

세 나라가 있습니다. 우연히 그 세 나라 과거사를 들여다보다 재미난 사실을 발견했습니다. 한때 세 나라는 모두 같은 시도를 한 적이 있습니다. 그러다가 현재 두 나라는 같은 길을, 또 한 나라는 완전히 다른 길을 가고 있습니다.

석유 채굴 기술이 날로 발전하면서 새로운 유전을 계속 발견해 석유가 일상 에너지의 대명사이던 시절이 있었습니다. 1970년대는 세계 경제가 순풍을 타며 꾸준히 성장 가도를 달릴 때였습니다. 에너지 소비 역시 꾸준히 상승 그래프를 그리고 있었습니다. 그러다 1970년대 오일 쇼크가 두 번 찾아왔습니다. 4차 중동 전쟁과 이란 혁명으로 기름 값이 큰 폭으로 올랐습니다. 당시 주요 국가들 주가가 폭락할 정도로 경제에 미치는 파장이 적지 않았습니다. 선진국을 중심으로 석유를 대체할 에너지원을 찾기 시작했고, 평화적 이용이라는 교묘한 수사로 원자력 발전이 슬그머니 자리를 차지했습니다.

세 나라는 독일, 덴마크, 일본입니다. 대표 탈핵 국가로 알려진 독일은 1969년부터 실용 핵발전을 시작해

한때 전체 전력의 30퍼센트를 핵발전이 담당하기도 했습니다. 1970년대 초 독일 연방 정부는 프라이부르크 가까이에 있는 비일 지역에 스무 번째 핵발전소를 건설하고자 했습니다. 비일 지역 사람들은 주변 숲을 망가뜨리면서 핵발전소를 건설하는 데에 반대했습니다. 시민들은 핵발전소 건설 반대 운동을 하다 환경 문제 전반에, 특히 핵 문제에 눈을 뜨게 됐습니다. 이런 움직임은 독일 곳곳으로 퍼져 나갔고 그 와중에 체르노빌 사고가 일어났습니다. 독일은 체르노빌 낙진의 피해 국가이기도 했고요. 시민들의 반핵 운동은 더욱 거세졌습니다. 2011년에는 동일본 대지진으로 후쿠시마 핵발전소가 폭발하는 사고가 또 일어났습니다. 사고 수습이 안 되는 모습도 전 세계가 다 지켜봤지요. 독일 정부는 결국 2022년까지 핵발전소를 모두 폐쇄하기로 결정했습니다.

오일 쇼크 당시 덴마크는 전체 에너지 공급량 가운데 수입하는 석유가 88퍼센트를 차지했습니다. 당시 전 세계 주요 에너지원은 석유였습니다. 석유는 석탄처럼 태우고 나서 재를 치울 필요가 없고, 탄광 광부들의 파업에서도 자유롭다는 이점이 있었거든요. 송유관만 깔면 그 이후에는 사람의 노동력이 별로 필요 없다는 게 바로 그 이유지요. 이렇게 석유 의존도가 높았기에 유가가 상승하자 새로운 에너지원이 필요해졌고, 그때 핵발전소가 화두로 떠올랐습니다. 1976년 덴마크 정부는 향후 20년 동안 에너지 소비가 50퍼센트가량 증가하리라는 예측을 토대로 핵발전소 15기를 건설하겠다는 계획을 발표했습니다. 이때 덴마크 공과대학 닐스 마이어 물리학 교수를 비롯한 과학자와 시민 들은 함께 머리 맞대고「대체 에너지 정책 보고서」를 작성합니다. 10년간 정부와 시민들 사이에 지난한 싸움이 이어졌고, 핵발전소 계획을 접는 걸로 결론이 났습니다. 깨어 있는 시민의 조직된 힘으로 덴마크는 핵발전소를 아예 시작조차 하지 않았습니다.

일본은 1966년에 핵발전 상업 운전을 시작하며 매우 공격적으로 핵발전소를 건설했습니다. 당시 일본 시민 사회는 조용했습니다. 정부의 친핵 정책에 처음으로 반대 목소리가 나왔던 건 세계 최초로 고속 증식로 몬주에서 냉각제 유출 사고가 있었던 1995년이었습니다. 일본은 세계에서도 유례를 찾을 수 없는 핵과 악연이 있는 나라입니다. 1945년 8월 6일과 9일, 각각 히로시마와 나가 사키에 리틀 보이little boy라는 이름이 붙은 우라늄 폭탄과 팻 맨fat man이라는 플루토늄 폭탄이 투하됐고, 그 후유증은 대를 이어 오고 있습니다. 그런데도 일본은 핵을 들여왔고, 2011년에는 후쿠시마에서 핵발전소 사고 최고 등급인 7등급 사고가 터졌습니다.

세 나라 이야기에서 가장 눈길을 끄는 건 덴마크 사례입니다. 시민 사회 반발로 시작도 하지 않고 핵발전을 깨끗이 접었습니다. 어떻게 그런 일이 가능했을까 들여다보다가 그룬트비라는 인물을 발견했습니다. 그룬트비는 19세기 덴마크 종교인, 시인, 교육자입니다. 틀에 박힌 교육이 아니라 일하는 국민을 위한 교육을 역설했고 그의 철학에 영향을 받은 자유 학교가 덴마크 곳곳에 세워졌습니다. 선생과 학생뿐만 아니라 남녀노소 평등하게 다양한 토론을 하면서 생각을 키워 가는 폴케호이스콜레가 대표 사례입니다. 100년 이상 이어진 이런 교육 환경이 핵발전소가 아예 발을 들여놓지 못하는 데에 큰 역할을 했습니다. 정부가 향후 20년 동안 50퍼센트가량 에너지가 증가하리라 예측했을 때 시민들은 왜 그토록 많은 에너지가 필요한지 의문을 던졌고, 핵발전소로 생산하려는 전기를 풍차로 해결하자고 했습니다. 그 유명한 풍차 프로젝트입니다.

풍요로움이 언제나 선일 수 있는지를 고민하는 나라, 핵발전을 아예 시작도 하지 않은 덴마크. 숲의 소중함을 알고 이웃 나라를 보며 핵의 위험성을 배운 나라, 핵발전을 포기하기로 결정한 독일. 핵의 상흔이 여전한데도 교훈을 얻지 못한 나라, 세계 최대 핵사고를 여전히 수습도 못하고 있는 일본. 지금 우리*는 어느 길을 따라 가고 있을까요?

---

* 우리나라 에너지 소비량은 지난 30년간(2014년 기준) 약 6배 늘어 경제협력개발기구(OECD) 가입국 중 가장 빠르게 증가했습니다. 그리고 에너지의 95퍼센트 이상을 수입합니다. 원래 우리나라 에너지 순 수입량은 미국, 일본, 독일에 이어 4번째로 많았는데, 어느 순간 독일을 제치고 3위로 올라섰습니다. 독일은 에너지 소비를 줄이고, 재생 에너지를 개발하면서 에너지 수입량이 줄었습니다. 반면 우리나라는 여전히 발전 에너지원의 90퍼센트 이상을 수입하는 석탄과 우라늄에 의존합니다.

월성에서
희생과 정의를
묻다

염천을 이고 사는 여름이라지만 이동하는 동안 오들오들 떠는 날이 대체 얼마나 많은지요. 긴팔을 미처 챙기지 못한 날은 늘 그랬습니다. 한여름 서울의 지하철이고 버스고 추위도 너무 춥습니다. 저처럼 추위를 많이 타는 사람이 있듯 더위를 많이 타는 사람도 물론 있겠지요. 아무리 그렇대도 대체 한여름에 추위를 느껴도 되는 걸까 싶습니다. 여름은 더운 계절입니다. 지나치게 더워 건강에 지장을 초래할 정도가 아니라면 어느 정도 더위는 견디는 게 당연하지 않을까요? 견딘다는 단어를 꺼내고 보니 과연 이 말이 사람들에게 얼마나 공감을 얻을까 솔직히 자신이 없기도 합니다. 뭐든 총알처럼 빨라야 하는 세상이니까요. 그래도 은행이나 빌딩 로비에 들어서는 순간 서늘하다 못해 오싹해지기까지 하는 상황은 영 불편합니다.

경상북도 경주시 양남면 나아리, 자연과 어우러진 황분희 씨 집은 아름답습니다. 탐스런 열매가 주렁주렁 열리는 과일나무가 있고 텃밭에서 채소를 가꾸어 먹는 삶, 누구나 한번쯤 꿈꾸는 전원생활이지요. 황분희 씨는 30년 전 산도 바다도 가까운 곳에서 자연과 더불어 살고자 이사했습니다. 집에서 1킬로미터 떨어진 거리에 거대 돔이 있었지만 그게 그토록 위험한 시설인지 전혀 몰랐습니다. 사실 우리 대부분이 후쿠시마 사고 이전까지 핵발전소가 위험 시설이라는 걸 모르고 살았습니다. 핵발전소는 위험 시설이자 거대한 기계입니다. 얼마나 거대한 기계인지 우리나라에서 처음 상업 운전을 시작한 고리 1호기2017년 7월 영구 정지를 예로 들어 보겠습니다. 배관 길이 170킬로미터, 전기선 길이 1,700킬로미터, 연결 밸브가 3만 개, 용접 부위만 6만 5,000여 곳 있습니다. 핵발전소에서 나온 방사성 물질인 삼중수소가 지하수를 오염시켰고, 그 물을 마신 황분희 씨 식구 모두가 피폭*됐습니다. 황분희 씨는 갑상선암에 걸렸고, 어린 손주들 소변에서는 삼중수소가 어른보다 높게 검출됩니다. 황분희 씨는 집에 머무는 시간이 길었기에 더욱 그렇게 된 것 같다고 말합니다. 손주들이 해맑게 뛰노는 모습을 지켜보는 그 심정이 어떨지 당사자가 아니고서야 짐작이나 할 수 있을까요.

---

*피폭이란 몸이 방사선에 노출돼 피해를 입는 것을 가리킵니다.

월성은 발전소뿐만 아니라 폐기물 처리장, 핵 처리 관리 시설이 모인 종합 세트장입니다. 게다가 나라 전체 핵 쓰레기의 절반 이상을 떠안고 있습니다. 전기는 모두가 쓰는데 단지 그곳에 산다는 이유만으로 주민들의 몸과 마음은 표현할 길 없이 괴롭습니다. 살고 있는 집 바로 위로 송전탑이 지나가면서 식구 모두가 갑상선암을 얻은 오순자 씨네, 평생을 물질하며 건강히 살았는데 발전소가 생기고 나서 갑상선암에 걸린 해녀들, 핵발전소가 생기고 난 이후로 많은 주민이 암 환자가 된 감포읍 대본리 마을……. 영화 〈월성〉은 보통 사람이면서 보통의 삶을 살 수 없는 사람들의 이야기를 들려줍니다. 모두가 약봉지를 끼고 삽니다. 이들의 공통점은 오직 하나 월성 핵발전소에 인접해 살고 있다는 겁니다. 이곳 주민들이 핵발전 사업자인 한국수력원자력^{이하 한수원}에 이주 대책을 요구했지만 방법이 없다는 말만 돌아왔습니다. 황분희 씨와 발전소 주변 갑상선암 환자 618명은 한수원을 상대로 공동 소송을 시작했습니다. "원전 옆에 살아가는 고통은 우리 세대에서 그만 끝내야 하고 더는 다음 세대가 이 고통을 받지 않아야 하지 않겠느냐"가 황분희 씨가 밝힌 소송 이유입니다.

핵발전소 인근 주민들의 고통은 월성 핵발전소에 한정되지 않습니다. 부산 기장에 있는 고리 핵발전소 반경 8킬로미터에 사는 균도 씨 네도 갑상선암으로 소송 중입니다.** 균도 씨 아버지는 직장암, 균도 씨 어머니는 갑상선암, 균도 씨 할머니는 위암에 걸렸습니다. 1심 판결에서 핵발전소와 갑상선암 발병의 상관관계를 법원이 인정했고 승소했습니다. 그러나 한수원이 항소했고 항소심에서 패했습니다. 패소한 재판을 지켜보던 주민들의 상실감은 컸습니다. 핵발전소 인근 주민들의 암 발병률이 먼 곳에 사는 이들보다 2배 반이나 높은데 어떻게 그게 발전소와 아무런 관련이 없다고 할 수 있을까요? 주민들의 암 발병률을 왜 주민이 입증해야 할까요? 핵발전소와 무관하다는 걸 발전소를 세운 한수원이 입증해야 하는 거 아닐까요? 생산한 전기는 우리 모두가 쓰는데 왜 고통은 그 지역 주민들만의 몫이어야 할까요? 월성 핵발전소 인근 주민들에게만 일방적으로 희생을 강요하는 건 과연 정의로운 일일까요? 전기를 가장 많이 쓰는 서울과 수도권에는 왜 핵발전소가 하나도 없는 걸까요? 그게 그렇게 안전

** 이진섭 씨와 아들 균도 씨 그리고 아내 박 모 씨는 2012년 7월 한수원을 상대로 손해 배상 청구 소송을 제기했습니다.

한 시설이라면 왜 이토록 먼 곳에다 지을까요? 영화 〈월성〉은 많은 질문을 우리에게 던지고 있습니다.

한여름 서늘한 온도가 저는 늘 불편합니다. 그 에너지가 어디서 오는지를, 그 에너지를 생산하고 수송하느라 누군가의 눈에 눈물이 마르지 않는다는 걸 그리고 이 모든 게 너무나 부당하다는 걸 알아 버렸기 때문이지요. 영화 〈월성〉은 황분희 씨 손녀의 내레이션으로 끝이 납니다.

"나는 양남 나아리 우리 집이 정말 좋아요. 봄이 오면 집안 가득 예쁜 꽃들이 피고 여름 바닷가에 가면 시원한 바람에 더위를 식히고 할머니가 삶아 주신 옥수수를 먹으며 마당에서 물놀이를 하고 가을이 되면 예쁜 색으로 익을 사과와 감도 따고 고구마도 캐고 겨울이 되면 옹기종기 모여 우리 밭에서 자란 고구마를 먹을 수 있는 우리 집이 나는 정말 좋아요. 할머니 할아버지와 함께 사는 우리 집이 정말 좋아요. 근데 지금은 잘 모르겠어요. 할머니는 아빠, 엄마, 우리만 이사를 갔으면 좋겠다고 늘 말씀하세요. 하지만 나는 할머니 할아버지 우리 모두 같이 사는 우리 집이 좋아요."

지하 에너지에서
지상 에너지로

"우리에겐 깨끗한 공기를 마시며 쾌적한 삶을 누릴 권리가 있다. 동시에 별빛 가득한 하늘을 후손들에게 물려줄 의무도 또한 있다." 2018년에 열린 '탈석탄 친환경 에너지 전환 국제 컨퍼런스'에서 발표한 「탈석탄 친환경 에너지 전환 공동선언문」 중 일부입니다. 눈에 띄는 건 이 선언문을 제안한 곳이 충청남도라는 사실입니다. 충청남도에는 우리나라 석탄화력 발전소 총 61기 가운데 절반인 30기가 있습니다. 이렇게 많은 발전소에서 생산한 전기를 모두 충청남도에서 소비할 리 만무합니다. 그런데도 가장 피해를 많이 입는 지역 또한 이곳입니다. 전국 온실가스의 24.7퍼센트, 대기 오염 물질의 13.2퍼센트가 충청남도에서 발생합니다. 이러니 충청남도에서 석탄 에너지를 친환경 에너지로 전환하자고 제안한 건 너무나 당연한 일이며 오히려 늦은 감마저 없지 않습니다.

그렇다면 어떻게 깨끗한 공기를 마실 권리를 온전히 누릴 것이며, 별빛 가득한 하늘을 후손에게 물려줄 수 있을까요? 사실 방법은 이미 나와 있으며 그리 어렵지도 않습니다. 선언문 제목처럼 화석 연료 중심의 에너지 패러다임을 친환경 에너지로 전환하면 됩니다. 세계 여러

나라에서는 이미 그렇게 전환했거나 열심히 전환하고 있습니다. 세계에너지기구IEA 통계 자료에 따르면 2019년 8월 기준 전 세계 재생 에너지는 전체 전력 생산량의 42퍼센트를 차지했습니다. 반면 우리나라는 4.8퍼센트입니다. 경제협력개발기구OECD 37개 가입국 가운데 꼴찌입니다. 심지어 36위인 헝가리도 11.7퍼센트입니다.

　　이미 대세는 지하에 있는 화석 연료나 우라늄을 더이상 꺼내지 않고 지상에 있는 태양과 바람 에너지로 옮겨 가고 있습니다. 호주는 2017년 세계 풍력 시장에서 가장 돋보인 나라입니다. 대형 프로젝트 발주가 이어졌기 때문입니다. 2014년 말 기준으로 전 세계 석탄 확인 매장량의 8.6퍼센트인 764억 톤을 보유하고 있는데도 말이지요. 풍력 불모지일 뿐만 아니라 석탄 가채 매장량 세계 2위인 러시아도 국영 원전 업체가 풍력 단지 건설에 뛰어들었습니다. 재생 에너지 투자가 전무했던 사우디아라비아도 최근 풍력 단지 건설 입찰을 진행하고 있습니다. 재생 에너지는 해나 바람처럼 자연에서 에너지를 얻기에 핵에너지처럼 위험하지 않고 오염 물질도 없습니다. 심지어 100퍼센트 국산이며 에너지원은 영원히 공짜입니다. 재생 에너지로 전환하는 세계 흐름에 함께하고자 우리나라 정부도 2017년에 '재생 에너지 3020' 이행 계획을 발표했습니다. 재생 에너지를 2030년까지 20퍼센트로 끌어올리겠다는 계획입니다. 그러나 공공기관들이 추진해 온 태양광 발전 사업이 지역 주민들 반대에 부딪혀 곳곳에서 발목 잡히고 있습니다. 서울시가 서울대공원 정문 주차장 부지에 약 10메가와트 규모 태양광 발전 시설을 2018년까지 완공하려던 계획도 결국 물 건너갔습니다. 역시 지역 주민들이 거세게 반발했기 때문입니다.

주민들이 이 사업을 반대하는 이유는 두 가지였습니다. 도시 경관을 해친다는 것과 태양광 시설에 유해 물질이 들어 있다는 것입니다. 하나씩 짚어 보겠습니다. 도시 경관을 해치는 게 태양광 시설이라면 최근 재개발로 과천에 삐죽이 솟은 고층 아파트는 어떻게 봐야 할까요? 하늘을 보기 어려울 정도로 솟은 건물이 미관을 해치니 건설해서는 안 된다는 말은 들어 본 적이 없습니다. 그리고 태양광 시설은 이제 휴게소나 대형 마트 주차장 같은 곳에서도 흔히 볼 수 있으므로 미관을 이유로 설치를 반대하는 건 잘 납득이 가지 않습니다. 설령 경관을 해친대도 미세 먼지에 기후 위기로 우리의 생존이 위협받는 것보다 더 나쁘기야 할까요? 태양광 시설에 카드뮴이나 납 같은 유해 물질이 들어 있다는 말은 워낙 많이 떠도는 유언비어입니다. 오죽하면 산업통상자원부가 「유해성 Q&A」를 작성해 배포까지 했을까요? 요즘 나오는 태양광 패널에는 납을 거의 사용하지 않습니다. 게다가 어른 아이 할 것 없이 쓰는 휴대폰에도 카드뮴, 납, 비소 등은 다 들어 있습니다. 태양광 시설에서 나오는 전자파 수치가 유해할 정도로 높다는 설도 널리 퍼져 있습니다. 국립전파연구원에 따르면 태양광 패널에서 나오는 전자파 자기장 강도는 0.07밀리가우스㎷고 대부분 가정에서 사용하는 헤어드라이어에서 나오는 전자파 자기장 강도는 37.0밀리가우스입니다. 태양광 시설에서 발생하는 전자파는 일반 가전제품과는 비교도 안 되게 낮습니다. 그런데 헤어드라이어를 전자파가 높아서 사용하지 않는다는 말은 별로 듣지 못했거든요.

주차장에 태양광 시설을 설치하면 일석 삼조, 사조 효과를 볼 수 있습니다. 먼저 태양광 시설을 설치하고자 지나치게 산지를 깎는 일을 줄일 수 있습니다. 산지를 깎는 것이야말로 생태적으로도, 미관상으로도 좋지 않은 방법입니다. 주차장 태양광은 자동차가 강한 햇빛이나 비, 눈에 노출되는 걸 줄여 줍니다. 이쯤이면 뻥 뚫린 주차장은 재생 에너지를 생산하기에 최적지라 할 만합니다. 주차장처럼 산지를 깎지 않고 태양광 시설을 설치하는 또 다른 방법으로 저수지, 호수, 댐 같은 유휴 자원을 활용한 수상 태양광이 각광 받고 있습니다. 특히 일본, 대만처럼 지리 특성 때문에 육지에 태양광을 설치하기에 한계가 있는 나라에서 적극 설치하고 있습니다. 한편에서는 태양광 모듈로 수면을 덮으면 물속으로 들어가는 햇빛이 차단돼 수중 생태계가 파괴될 수도 있다며 염려하는 목소리도 있습니다. 그러나 이를 뒤집어 생각해 보면 물속으로 들어가는 과도한 빛을 차단해 녹조 발생을 억제하는 효과가 있는 셈입니다. 참고로 과천시는 2018년 기준, 가구당 7월 평균 전력 소비량이 265.37킬로와트시로 전국 평균 229킬로와트시은 말할 것도 없고 서울시 평균 244.91킬로와트시 보다 높지만 소비하는 전력의 0.1퍼센트도 생산하지 않습니다. 서울대공원에 태양광 시설이 들어서면 과천시 전력 자급률은 3.3퍼센트로 높아지니 반대가 아니라 오히려 두 손 들고 환영해야 하지 않을까요?

기후 위기뿐만 아니라 미세 먼지 원인으로도 지목받는 화력발전소, 방사능 위험과 처리가 불가한 핵폐기물을 계속 내놓는 핵발전소 이 두 가지 발전원이 우리나라 전체 발전의 92.1퍼센트*를 차지합니다. 우리나라는 탄소 배출 7위 국가면서도 탄소 배출량은 감소는커녕 해마다 증가하고 있고 대책조차 거의 없는 기후 악당 국가라는 오명을 쓰고 있습니다. 면적 대비 핵발전소 밀집도도 세계 1위입니다. 이런 상황에 재생 에너지는 절대 안 된다며 지역 곳곳에서 발목 잡힌 채 한 발도 제대로 나가지 못하고 있습니다. 지하 에너지에서 지상 에너지로 전환이 절실한 지금, 무엇보다 선행돼야 할 일은 전력 소비량을 과감히 줄이는 일입니다. 소비를 줄이고 단열을 하며 건물의 에너지 효율을 높여야 합니다. 그리고서 필요한 전력은 재생 에너지에서 생산해야 합니다. 먼저 도시에 있는 정수장, 배수장, 하수 처리장, 공공 청사, 역사, 학교, 하천변, 가로변 등은 물론 개인 건물 옥상까지도 할 수 있는 곳에는 모두 재생 에너지 시설을 설치해야 합니다. 왜냐하면 도시에서 전기 에너지를 가장 많이 소비하니까요.

* https://www.hankyung.com/economy/article/2019040376951

그리고서 마땅한 곳이 산지밖에 없는 지역에서는 지역 주민들이 동의할 경우에 한해 산에 태양광을 깔 수도 있다고 생각합니다. 2020년 장마 때는 산지 태양광 때문에 산사태가 발생했다거나 폭우에 산지 태양광이 다 무너져 내렸다는 '가짜 뉴스'가 돌기도 했습니다. 정부는 2018년 폭우로 산지 태양광이 위험할 수 있으리라는 우려 때문에 태양광 시설 허가 기준을 산지 경사도 25도에서 15도로 제한, 강화했습니다.

우리나라에서는 산에 도로를 내고 리조트 같은 시설물을 짓는 일에는 관대하면서 태양광 같은 재생 에너지 시설을 설치하는 데에는 유독 인색합니다. 전원을 공급하려면 불가피한 일인데도 말이지요. 온실가스도 미세 먼지도 제로, 연료비도 공짜, 누구에게나 공평하게 비추니 평등하기까지 한 태양 에너지를 못 쓰게 가로막는 진짜 이유는 뭘까요? 언제까지 깨끗한 공기를 마시며 쾌적한 삶을 누릴 권리를 박탈당하고, 별빛 가득한 하늘을 후손들에게 물려줄 의무를 저버려야 할까요?

마음

소비

음식은
쓰레기가
아니다

집안일 가운데 가장 하기 싫은 게 음식물 쓰레기를 버리는 일입니다. 내 집에서 나오는 것도 때로 역겨운데 음식물 쓰레기를 버리는 곳에서는 이웃집 쓰레기까지 적나라하게 들여다보게 되니 비위가 약한 사람에게는 고역이 아닐 수 없습니다. 어느 날 음식물 쓰레기통에서 멀쩡한 빵이 버려진 걸 본 적이 있어요. 밀을 키우는 농부가 이 광경을 본다면 어떤 생각을 할까 싶더군요. 제빵사가 고운 밀가루에 버터, 달걀, 물과 이스트 등을 넣고 오븐에서 고소하게 구웠을 시간도 떠올려 봤습니다.

이래저래 남겨져 쓰레기가 되는 음식물 양은 2016년 환경부 자료 기준으로 하루에 1만 5,680톤이고 생활 폐기물 발생량의 약 29.9퍼센트입니다. 음식물 쓰레기는 남겨지는 것으로 끝이 아닙니다. 어떤 식으로든 처리해야 하는 비용이 또 발생합니다. 한 해에 음식물 쓰레기 처리에 들어가는 비용이 2013년 기준으로 대략 20조 원입니다. 전 세계에서 버려지는 음식물을 살펴보면 사정은 더 심각합니다. 미국 환경청EPA 통계에 따르면 2012년 미국에서 버려진 음식물은 3,500만 톤으로 이 양은 1960년대 미국인들이 먹었던 음식물의 3배에 해당하는 양입니다.

인구가 증가한 점을 감안하더라도 이 정도 음식이 버려지는 건 충격입니다. 세계에서 생산되는 먹을거리 중 1/3이 먹히지도 않은 채 버려집니다.

왜 이토록 많은 음식물 쓰레기가 나오는 걸까요? 식품을 가공해서 판매하다 보니 가공 단계에서 버려지는 게 너무 많습니다. 먹을거리를 상품으로 만들어야 하니 규격을 정하고 그에 맞지 않으면 생산지에서 미리 폐기해 버립니다. 못생긴 과일이나 채소가 특히 그렇습니다. 외식 산업 증가도 무시할 수 없는 원인입니다. 집에서 밥상을 차리면 미처 못 먹은 반찬은 뒀다 다음 끼니에 먹을 수 있지만 식당에서는 한 번 상에 올렸다 남은 음식은 그대로 쓰레기가 됩니다. 남긴 음식을 두고 식당에서 나오는 발걸음이 무거운 건 그 때문입니다. 알뜰히 먹는다고 해도 좋아하지 않는 반찬은 젓가락 한번 대지 않아 고스란히 남기게 마련입니다. 여러 사람이 같이 가서 먹을 때면 맛있는 반찬은 몇 번이고 더 달라고 해서 먹지만 인기 없는 반찬은 그대로 남깁니다.

마트에서 장을 보는 것과 음식물 쓰레기 양에도 상

관관계가 있을 듯합니다. 마트에서 장을 보다 보면 계획에 없던 것들을 사곤 합니다. 특히 할인하는 상품은 사 두면 언젠가는 필요할 것 같고 돈도 절약하는 것 같아 덜컥 사고 맙니다. 그러나 결국은 잊고 지내다가 유통 기한이 지나는 바람에 버려야 합니다. 식품을 선택할 때 기준이 되는 유통 기한에도 사실 우리가 오해하는 부분이 있습니다. 유통 기한이란 소비자에게 판매가 허용되는 기한입니다. 해외에서는 '소비 기한 표시제'를 사용하는데요, 소비 기한이란 소비자가 소비해도 건강과 안전에 문제가 없을 것으로 인정되는 최종 소비 기한입니다. 우리나라에서는 '유통 기한 표시제'를 쓰다 보니 아직 멀쩡한 식품이 그대로 버려지는 실정입니다. 이 제도만 바꿔도 음식물이 쓰레기가 되는 양을 엄청나게 줄일 수 있습니다. 당장 실천할 수 있는 방법 몇 가지는 일단 식당에서 밥을 먹을 때는 먹지 않을 반찬은 미리 치워 달라고 합니다. 가능하면 식당에서 먹을 때는 식탁에 오른 음식을 남기지 않도록 하는 게 중요합니다. 유통 기한이 임박한 식품부터 사는 습관을 들입니다. 감자, 당근, 무 같은 채소는 깨끗이 씻어서 껍질까지 요리하는 게 영양도 좋습니다. 줄여 보자고 마음먹으면 실천할 수 있는 방법이 생깁니다.

1980년대 미국에서 나오는 음식물 쓰레기 양은 전체 폐기물 가운데 10퍼센트 이하였지만 현재는 전체 쓰레기의 1/5을 차지합니다. 반면, 미국 가구의 14퍼센트는 하루 먹을거리조차 충분히 사지 못하는 빈곤층입니다. 미국이라는 한 사회 안에서도 음식 불평등은 심하지만, 시야를 세계로 넓혀 보면 상황은 더욱 심각합니다. 유엔 세계식량계획WFP과 유엔난민기구UNHCR에 따르면 21세기에도 아프리카인 8억 명이 기아에 허덕이고 있습니다. 2017년 2월, 아프리카 10개국 난민 200만 명은 심각한 식량 부족에 시달렸고요. 부자 나라에서 버려지는 음식물 양이 연간 2억 2,200만 톤인데 사하라 이남 아프리카 최빈국들이 생산하는 한 해 먹을거리가 2억 3,000만 톤입니다. 2010년 기아와 영양실조로 죽은 사람은 총 100만 명인데 비만으로 죽은 사람은 300만 명이나 됩니다.

불평등을 말하기 전에 음식이 누군가에게는 절박한 생존 수단일 수 있다는 것부터 생각해야겠습니다. 세상의 반이 굶주린다는데 우리는 적어도 음식물이 쓰레기가 되는 일이라도 막아야 하지 않을까요?

"이 밥은 숨 쉬는 대지와 강물의 핏줄, 태양의 자비와 바람의 손길로 빚은 모든 생명의 선물입니다. 이 밥으로 땅과 물이 나의 옛 몸이요. 불과 바람이 내 본체임을 알겠습니다. 이 밥으로 우주와 한 몸이 됩니다. 그리하여 공양입니다. 온몸 온 마음으로 온 생명을 섬기겠습니다."*

* 수경 스님의 공양송

과잉 육식 시대

가창오리 30만 마리의 군무를 보고 있자면 이 세상에 가장 많은 조류는 가창오리일 것만 같은 착각에 빠집니다. 그런데 놀랍게도 지구에서 가장 많은 조류는 닭입니다. 제대로 창공을 날지도 못하는 닭이 어떻게 지구에서 가장 많은 조류가 됐을까요? 세계 전역에서 사육되는 닭은 2016년 기준 227억 마리 정도로 이 숫자는 지구에 사는 모든 조류를 합친 수보다 2배 많을 것으로 추정합니다. 한 해에 전 세계에서 도축되는 닭이 650여 억 마리이며 이는 소고기, 돼지고기, 양고기 등을 훨씬 능가하는 수입니다. 즉 77억 인구 1인당 한 해에 닭을 8마리 반 먹는 셈입니다. 육식이 가능한 북반구로 좁혀 계산한다면 1인당 먹는 닭의 마릿수는 훨씬 증가합니다. 닭의 수난 시대라 해도 결코 과장이지 않은 시대에 살고 있습니다.

오존층에 뚫린 구멍을 발견해 1995년 노벨 화학상을 받은 네덜란드 대기 화학자 파울 크뤼첸은 2000년 멕시코에서 열린 기후 환경 관련 국제회의에서 인류세를 언급했습니다. 현재 지질 시대를 더 이상 홀로세가 아닌 인류세로 바꿔 불러야 한다는 크뤼첸의 언급 이후 인류세는 국제적인 유행어가 됐습니다. 인류는 대체 어떻게 지구 환경을 변화시켰기에 지질 시대 이름까지 인류세로 바꿔야 한다는 걸까요? 지질 시대마다 각 시대를 규정하는 명확한 단서들이 있습니다. 그렇다면 우리 시대를 규정 짓는 단서는 뭘까요? 인류가 지층에 남길 단서로 방사성 핵종, 콘크리트, 플라스틱, 질소 비료가 등장하면서 엄청나게 많이 쓰인 질소를 꼽습니다. 그리고 한 가지 더, 영국 레스터대 지질학자인 캐리스 베넷을 비롯한 국제 연구진이 한 과학 저널에 밝힌 '닭 뼈'가 있습니다. 현재 우리가 가장 많이 먹는 동물 1위가 닭이기 때문입니다. 해마다 수백 억 마리 닭에서 나온 뼈가 매립지에 쌓이면서 화석이 될 가능성이 있습니다. 그리고 지금 우리가 먹는 닭은 야생 닭과는 크게 다릅니다. 1950년대 이후 빨리, 크게 자라도록 육종해 온 결과입니다. 보통 진화는 수백만 년에 걸쳐 서서히 이뤄지는데 불과 60~70년 만에 생물의 유전자까지 바꾸는 진화를 이뤘습니다, 인류가. 먼 훗날 인류보다 고등한 생물이 지구 지층에서 닭 뼈를 발견하면 그들은 닭의 진화 속도에 놀랄까요? 어쩌면 정말 지구 행성을 닭이 지배했다고 믿을 수도 있겠습니다.

닭은 좁은 케이지에 갇혀 24시간 훤히 불 밝힌 곳

에서 밤낮 없이 알을 낳습니다. 그러다가 알을 못 낳게 되면 폐계가 돼 닭장 바깥으로 밀려납니다. 그게 처음이자 마지막 외출입니다. 케이지에 갇힌 닭은 흙을 밟을 수 없으니 흙 목욕을 하며 깃털에 기생하는 진드기를 떼어 낼 수 없습니다. 할 수 없이 농가에서는 살충제를 뿌립니다. 동물 본능과 습성을 억제하고 최소한의 복지나 배려도 없으며 화학 물질을 뿌려 대는 환경에서 가축이 정상적으로 성장할 리 없습니다. 그리고 가축에게 뿌려 댄 살충제는 최종적으로 우리 몸에 쌓일 것입니다. 2017년 고병원성 조류 인플루엔자로 3,800만 마리에 가까운 닭이 살처분된 일이 있었습니다. 그 가운데 2,500만 마리 이상이 좁은 케이지에 갇혀 기계처럼 알을 낳던 산란계였습니다.

해마다 반복되는 고병원성 조류 인플루엔자와 구제역에 이어 2019년에 발병한 아프리카돼지열병으로 돼지뿐만 아니라 야생에 살던 멧돼지까지 사살됐습니다. 생명을 생명이 살 수 있는 환경이 아닌 조밀한 공간에 대량으로 몰아넣고 오직 경제성만 따지다 병이 돌면 모조리 살처분해 버리는 이 악순환. 그런데도 우리가 호들갑 떠는 지점은 언제나 과정이 아니라 결과입니다. 생명의 존

엄이 사라진 과정이 아니라 병을 옮기느냐 마느냐 하는 결과일 뿐이라는 거지요. 조류 인플루엔자나 구제역이 반복되고 먹을거리에 빨간불이 꺼지지 않는 이유입니다.

산 채 묻히는 생명의 숫자가 수백만 단위로 올라가도 고기 위주의 식단은 나날이 증가 일로에 있습니다. 양치질하는 3분 동안 소는 5마리, 돼지는 95마리가 대한민국 식탁에 오르기 위해 죽습니다. 한편 이러한 과잉 육식을 반성하며 대안을 찾는 이들도 조금씩 늘고 있습니다. 당장 채식으로 전환하기 어렵다면 육식을 줄여 나가는 방법을 제안하기도 합니다. 가령 일주일에 하루는 육식을 하지 않으며 육식 위주 식습관에서 벗어나 보면 어떨까요?

비욘드 미트나 임파서블 푸드 같은 대체육이 육식의 폐해를 해결할 구원 투수처럼 등장했습니다. 축산업에서 배출하는 온실가스를 줄이고 동물 복지에도 도움이 될 뿐만 아니라 식량난을 해결할 수 있고 건강에도 이롭다며 대체육을 환영하는 분위기입니다. 그러나 고기 맛은 나지만 가짜 고기이기 때문에 고기 맛을 내고자 다양한 첨가물이 들어갈 수 있다고 전문가들은 경고합니다. 이 역시 가공 식품이라는 걸 명심해야 한다는 의견도 있습니다. 생명 공학 기술이 발전하면서 동물에서 추출한 줄기세포를 배양해서 만드는 배양육도 등장했습니다. 다만 배양육은 붉은 고기 색깔을 내는 물질이 일종의 유전자변형생물GMO이기 때문에 논란의 불씨를 안고 있습니다. 또한 2013년에 첫 성공을 거뒀기 때문에 아직 안전성에 대한 우려도 있습니다. 배양 시설을 유지하는 데에 들어가는 에너지도 상당하기 때문에 결코 환경에 도움이 되지 않는다는 의견도 있습니다.

요즘 청소년들도 비틀즈를 알고 폴 메카트니도 알더군요. 그런데 '고기 없는 월요일'을 아냐고 물으면 아는 사람이 별로 없어요. 폴 메카트니는 비틀즈 멤버로 활동하던 1972년부터 채식을 했다고 합니다. 최근 그는 환경 운동가, 동물권리 활동가, 채식주의자로 더 알려져 있는데요. 2009년 12월 코펜하겐 기후변화협약 당사국 총회 개막에 앞서 '고기 없는 월요일'을 세계인에게 제안했습니다. 고기 없는 월요일은 말 그대로 월요일에는 식단에 고기를 없애자, 그러니까 일주일에 하루는 육식을 하지 말자는 뜻입니다. 폴 메카트니는 왜 이런 제안을 했을까요? 비윤리적으로 길러지고 도축되는 동물의 희생을 막고자 하는 까닭도 있을 테고, 인간 건강과 지구 환경을 위해서이기도 합니다. 육류는 심장병, 뇌졸중, 당뇨병, 비만 등의 원인이 되지만 무엇보다 온실가스 주요 배출원입니다. 유엔식량농업기구^{FAO}에 따르면 가축을 기르면서 배출되는 온실가스는 전체 온실가스의 15퍼센트가량 됩니다. 세계보건기구^{WHO} 연구진이 컴퓨터 시뮬레이션을 해 본 결과 2050년까지 세계 모든 사람이 채식을 할 경우 식품부문에서 온실가스 배출이 60퍼센트가량 감소하는 것으로 나왔습니다. 전 세계 35개국이 '고기 없는 월요일'에 참여하고 있고, 우리나라 역시 2010년부터 함께하고 있습니다. 다만 아직도 많이 알려지진 않은 것 같아요. 한국채식연합에 따르면 국내 채식 인구는 전체 인구의 2~3퍼센트로 100만~150만 명으로 추정합니다. 2008년에 15만 명이었던 것에 비하면 많게는 10배 가까이 증가한 거지요. 서울시는 2013년부터 시청 구내식당에 금요일마다 채식 식단을 제공하고 있고요. 전라북도 100여 개 학교에서도 주1회 채식 급식을 진행하고 있습니다. 2020년 서울시 교육청도 급식에 채식 선택권을 넣겠다고 발표했고요. 전 세계에서 탄소 배출을 가장 많이 줄이고 있는 핀란드에는 채식 인구가 5퍼센트가량 된다고 합니다.

과잉 육식 문제를 해결하려면 육식 채식을 따지기 전에 내가 먹는 음식에 대한 근원적인 고민이 필요할 것 같습니다. 내 미각을 우선할 건지 내 건강을 우선할 건지 조화로운 생명의 선물을 어떤 마음으로 대할 건지 성찰하는 일이 이 문제를 해결하는 첫 걸음 아닐까요?

"할머니, 고기는 안 넣어요?" "나는 조개!"
"얘들아, 생일은 어떤 날이지?" "우리가 태어난 날이요." "맞아, 생일은 생명이 태어난 걸 축하하는 날이야. 기쁘고 행복한 날이지. 그런데 소나 조개는 어떠니? 사람들이 먹으려고 잡아서 죽게 됐어. 생명이 태어난 걸 축하하면서, 다른 생명이 죽은 걸 먹는다는 것이 할머니 생각엔 별로 좋지 않은 거 같아. 많은 사람들이 생일이면 일부러 고기를 더 먹는데, 우리 집은 생일날만큼은 고기를 안 먹어."*

* 심흥아, 별맛일기1, 보리

기후에 좌우되는
인류 문명,
육식이 변수

세계경제포럼 다보스포럼 은 해마다 「지구 위기 보고서」를 발간합니다. 경제를 논하는 포럼에서 지구 위기에 관한 보고서를 발표하는 까닭은 자연 재해로 말미암은 경제 손실액만 봐도 알 수 있습니다. 기후 위기로 발생하는 경제적 손실을 우려해 이에 대한 대비를 하자는 취지겠지요. 2019년 일본은 하기비스 태풍으로 150억 달러 약 17조 5,000억 원, 미국 중서부와 남부는 홍수로 125억 달러 약 14조 6,000억 의 손해를 봤습니다. 지구에서 발생할 가능성이 높은 위기와 발생했을 때 주는 충격이 클 위기를 순위별로 보여 주는 그래프는 한눈에 지구 상황을 볼 수 있어 요긴합니다. 발생 가능성이 높은 10가지는 극한 기후, 기후 행동 실패, 자연 재해, 생물 다양성 훼손, 인간 유발 환경 재난 그리고 물 위기 등입니다. 기후 행동 실패, 대량 살상 무기, 생물 다양성 훼손, 극한 기후, 물 위기, 정보 인프라 붕괴, 자연 재해, 사이버 공격, 인간이 만든 환경 재난, 전염병이 발생했을 때 충격이 클 걸로 예상되는 순서입니다. 발생 가능성과 발생했을 때 충격이 큰 위기가 모두 기후와 깊은 관련이 있습니다. 이 그래프는 인류가 고통을 받게 된다면 그 원인은 기후일 가능성이 매우 높다는 걸 경고합니다. 기후에 따라 사회 경제 시스템이 달라지기 때문입니다.

　　문명의 명멸은 기후에 좌우됐습니다. 2018년 영국 케임브리지대와 미국 플로리다대 공동 연구팀은 마야 문명의 멸망 원인이 당시 발생한 심각한 가뭄일 수 있다는 연구 결과를 사이언스 Science 지에 발표했습니다. 최고 수준으로 번창하던 마야 문명이 9세기 무렵 갑자기 세계사에서 사라져 버렸습니다. 이 무렵 대체로 온난한 기후가 지속됐지만 세계 곳곳에서 극심한 가뭄이 발생하는 등 이상 기후가 나타나기도 했습니다. 북유럽 바이킹족의 이동도 온난기와 맞물립니다. 온화한 기후로 농업 수확량이 증가하며 인구가 늘었기 때문입니다. 이 시기를 기후학자들은 중세 온난기라고 부릅니다. 이후 소빙하기라 불리는 13세기 초부터 17세기 후반에 걸쳐 칭기즈 칸의 군사 원정이 이뤄졌습니다. 기온이 낮아지자 말을 먹이고 유목 생활을 하는 데에 필요한 초원이 급격히 줄었기 때문입니다. 이를 타개할 방법을 찾으며 칭기즈 칸은 유럽으로 영토를 확장하다 제국을 건설하기에 이르렀습니다. 소빙하기는 조선도 빗겨 가지 않았습니다. 저온 때문에 든 흉작으로 기근이 극심했습니다. 당시 조선 인구는 1,200

만~1,400만 명이었는데 소빙하기 영향으로 10만~150만 명이 굶어 죽었습니다. 경신 대기근의 기록입니다. 기록에 따르면 임진왜란보다 더한 재난이 경신 대기근이었습니다. 저온은 흉작으로 이어지고 먹을거리가 부족해지자 곡물 가격이 급등하는 등 사회 경제 시스템에 많은 변화가 나타났습니다. 기후는 비단 먹을거리뿐만 아니라 건축 양식에도 영향을 끼쳤습니다. 창문이 큰 고딕 양식에서 소빙하기를 거치며 창문이 작은 바로크 양식으로 바뀌었습니다.

플라이스토세 빙하기가 끝난 1만 1,700년 전부터는 인류가 활동하기에 적합한 온화한 기후가 지속됐습니다. 지질 시대 분류로는 홀로세에 속합니다. 홀로세의 홀로Holo는 완전하다는 의미로 인류가 살기에 적합한 지질 시대라는 뜻입니다. 기후가 예측 가능해지자 인류는 정착 생활을 시작했고 농작물의 잉여량이 늘었습니다. 지식 축적이 이뤄졌고 문화와 과학이 발전할 수 있는 토대가 마련됐습니다. 인류사가 이처럼 기후에 직접 영향을 받는 까닭은 농사와 직결되기 때문입니다. 결국 먹고사는 문제가 기후에 달렸으니까요. 지금 기후 위기를 우려하는 것도 바로 이 먹고사는 문제 때문입니다. 아이러니하게도 온실가스를 가장 많이 배출하는 원인 가운데 하나가 바로 이 먹을거리를 생산하는 데에 있습니다.

과도한 화석 연료 사용으로 배출된 온실가스가 지구를 덥히고 그 때문에 기후가 예측할 수 없이 변한다는 것까진 이제 누구나 압니다. 그런데 이 많은 화석 연료가 어디에 쓰이는지는 잘 알지 못합니다. 보통 화석 연료를 쓰는 곳 하면 자동차나 발전소를 떠올립니다. 그런데 의외로 탄소 배출이 많은데도 사람들이 간과하는 부분이 바로 먹을거리, 특히 육식입니다. 지난 50년 사이에 전 세계 육류 소비가 100배가량 늘었습니다. 가난한 나라는 끼니를 걱정해야 하는 형편이니 육식 소비는 대부분 잘사는 나라에 집중됩니다. 경제협력개발기구^{OECD} 발표 자료에 따르면 2014년에 우리나라 1인당 육류 소비는 연간 51.4킬로그램이고 2016년에는 52.5킬로그램이었습니다. 지구에서 사육되는 소가 약 15억 마리로, 무게로 따지면 세계 인구 전체를 합친 것보다 많이 나갑니다. 지구 전체에서 생산되는 곡물의 1/3을 가축이 먹어 없앱니다. 소고기 1킬로그램을 생산하느라 옥수수 16킬로그램, 물 1만

5,000리터가 쓰입니다. 유엔식량농업기구^{FAO} 보고서에 따르면 지구에서 얼음이 없는 지역의 26퍼센트가 가축을 기르는 데에 쓰이고, 전체 경작지의 33퍼센트에서 가축 사료용 작물을 재배합니다. 작물을 기르고자 벌목이 이어지면서 숲이 사라졌습니다. 온전했다면 이산화탄소를 흡수했을 숲이 말이지요. 작물을 기르는 데에 들어가는 비료며 농약, 살충제는 모두 석유 화학 제품입니다. 소는 되새김질하며 생긴 메탄을 트림으로 연간 1억 톤가량 내보냅니다. 메탄은 적게 잡아도 이산화탄소보다 20배 이상 온실 효과를 내는 물질입니다. 인류가 배출하는 탄소의 15퍼센트 정도가 축산업에서 나옵니다.

현재 인류는 그동안 일방적으로 영향을 받아 왔던 기후를 변화시키기에 이르렀습니다. 그리고 변화시킨 기후는 부메랑이 돼 다시 우리에게 돌아오고 있습니다. 가장 쉬운 반찬이 고기반찬이 됐고 고기집이 아닌 식당을 찾기가 어려워진 이 시대에 과연 우리는 부메랑을 막고 온화한 기후를 지켜 낼 수 있을까요?

1.5도
또는
2도의
날갯짓

교사였던 부모님을 따라 강원도 산골에서 어린 시절을 보냈습니다. 학교 관사에서 지내던 어느 해 여름, 비가 쏟아지던 저녁에 아버지는 바삐 짐을 싸셨고 어머니는 우리에게 급히 옷을 입히셨습니다. 잠시 뒤 인근 부대에 있던 군인들이 와서 우리를 목마 태워 학교로 옮겨 줬습니다. 아래를 내려다보니 군인들 가슴께까지 물이 차올랐고, 뒤를 돌아보니 관사가 빠른 속도로 물에 잠기고 있었습니다. 흙탕물이 넘실대는 운동장으로 돼지 몇 마리가 둥둥 떠내려왔고, 운동장 너머 신작로에는 간판이 그대로 달린 이발소가 집째로 둥둥 떠내려가고 있었습니다. 마을 사람 대부분은 이재민이 돼 학교로 모여들었습니다. 비가 그치고 어른들과 동네를 둘러보니 어린 제 눈에도 쑥대밭이었습니다. 그 동네에서 두 번 홍수를 겪었는데, 가끔 부모님께 그때 이야기를 꺼내면 두 분은 기억하기도 싫다며 고개를 젓곤 하셨습니다. 당시 물에 잠겼던 쌀로 밥을 지을 때 나던 냄새가 지금도 기억이 납니다. 물에 푹 잠겼던 쌀이 썩지 않도록 말리려 했지만 여름이라 습도는 높고 선풍기조차 없던 시절이었으니 부질없는 일이었습니다. 가뜩이나 비위가 약했던 저는 그 쌀이 다 떨어질 때까지 밥 먹는 게 세상에서 가장 힘든 일이었습니다.

2016년 10월 초, 느닷없이 가을에 강력한 태풍 차바가 우리나라 동남해안을 덮쳤습니다. 부산에서는 많은 자동차가 뒤엉키며 누런 흙탕물에 둥둥 떠다녔고, 바다에 인접한 고층 아파트 단지로 파도가 해일처럼 밀려들었습니다. 울산은 느닷없이 범람한 태화강으로 물바다가 됐습니다. 홍수로 세간살이가 모두 물에 잠겨 고생했던 어린 시절이 떠올라 피해자들 심정이 헤아려져 너무 속상했습니다. 태풍이 지나간 뒤, 과학자들은 때아닌 태풍이 기후 변화의 양상이라고 했습니다. 태풍 발생 빈도에는 큰 변화가 없을 수 있으나 태풍 강도는 점차 강해져 왔다며, 앞으로 한반도에서는 이처럼 이례적이고 강력한 태풍을 자주 겪게 되리라고 했습니다. 점점 높아지는 연안 해수 온도가 태풍에 더 많은 에너지를 제공해서 태풍 크기를 키운다는 말입니다.

2018년 7월에는 장마 전선과 태풍 쁘라삐룬이 일본 남서부 상공에서 만나 오래 머물며 폭우가 내렸습니다. 습한 공기에 포함된 수증기가 엄청나게 공급됐고 이 때문에 겨우 5일 정도 내린 비가 우리나라 일 년 강수량의 1.5배를 넘었습니다. 말 그대로 물 폭탄을 맞았습니다.

인명 피해도 수백 명에 이르렀고, 침수된 가옥이며 도로 등 인프라 피해도 만만찮았습니다. 장마 전선이야 해마다 여름이면 형성되는 계절 특성입니다. 비는 공기 흐름과 수증기 양으로 결정되며, 공기 흐름과 수증기 양을 결정 짓는 건 결국 온도입니다. 더욱 정확히 말하면 지구 대기 와 해양 온도입니다. 그리고 이 온도는 배출되는 온실가 스 양과 비례해서 상승 그래프를 그립니다.

2018년 10월 인천 송도에서 제48차 기후 변화에 관한 정부 간 패널IPCC 총회가 열렸습니다. IPCC는 기후 변화에 관한 과학적인 평가를 위해 세계기상기구WMO 와 유엔환경계획UNEP이 공동 설립한 유엔 산하 국제 협의체 로 전 세계 기후 변화와 관련한 연구 결과를 종합하고 객 관화한 데이터를 분석해서 주기적으로 보고서를 발간합 니다. 제48차 총회에서 「지구 온난화 1.5도 특별 보고서」 가 최종 승인을 얻었습니다. 1.5도는 산업 혁명 이전 수준 에서 지구 평균 온도가 상승할 수 있는 한계치를 의미합 니다. 2015년 파리 기후협약에서 이미 합의했던 내용은 이번 세기말까지 지구 평균 온도가 산업화 이전보다 2도 이상 상승하지 않도록 하고, 가능하면 1.5도를 넘지 않도록 하자는 것이었습니다. 당시 기후협약에 표기될 이 온도를 두고 나라 간 갈등이 제법 첨예했습니다. 저개발 국가들은 이미 기후 변화로 엄청난 피해를 보고 있었기 때문에 1.5도를 요구했는데, 1.5도라는 수치에 대한 과학 기반이 충분치 않다는 이유로 채택되지 못했다가 이번에 채택된 것입니다. 고작 1.5도 혹은 2도를 가지고 유난을 떤다고 생각하는 사람도 있을지 모르겠습니다. 그러나 지금까지 지구 온난화 재난은 지구 평균 기온이 산업 혁명 이전보다 겨우 1.1도 상승하면서 발생했습니다.

최근 어느 국제 환경 단체에서는 '채소 한 끼, 최소 한 끼' 식습관과 기후 변화를 연결한 흥미로운 캠페인을 벌였습니다. 지구 전체에서 배출되는 온실가스 가운데 육류 생산 과정에서 배출되는 양이 무려 15퍼센트 정도에 이르기 때문에 이런 캠페인을 벌인 거지요. 이것은 지구 모든 도로를 달리는 교통수단에서 배출되는 양과 맞먹습니다. 1만 명이 단 하루만 고기를 먹지 않아도 차 한 대가 28만 8,917킬로미터를 운전할 때 나오는 양만큼 탄소를 줄일 수 있고, 한 사람이 93년간 쓰기에 충분한 물을 절약할 수 있다고 합니다.

우리는 거의 해마다 기습적인 폭우를 경험합니다. 2020년 7월, 장마 기간이긴 했지만 집중 폭우에 만조까지 겹치며 부산 시내는 말 그대로 물바다가 됐습니다. 2시간 만에 지하 차도에 2미터가 넘는 물이 차면서 인명 피해가 발생했지요. 귀한 인명 피해뿐만 아니라 망가진 인프라 복구 비용까지 치러야 할 고통이 결코 적지 않습니다. 지금은 쏟아지는 비를 보며 하늘을 원망하는 시대가 아닙니다. 남쪽 지역으로 큰 피해를 끼친 2020년 폭우는 장마가 아니라 기후 위기입니다. 쏟아지는 비의 원인이 무엇 때문인지를 이미 알아 버린 시대니까요. 우리나라 사람들의 기후 변화 인식은 상당 수준입니다. 그렇지만 우리나라 탄소 배출은 세계 7위입니다. 지식만으로 세상은 바뀌지 않습니다. 하루에 최소한 한 끼는 채소로만 해 보시렵니까?

지금
지구는
1.76개

4월 22일은 '지구의 날'입니다. 1969년 샌프란시스코에서 열린 유네스코 회의에서 몇몇이 북반구에 봄이 시작되는 춘분을 지구의 날로 지정하자고 제안했습니다. 1970년 미국 전역에서 지구의 날 행사가 처음으로 열렸을 당시 2,000만 명이나 되는 미국인이 동참했고 그 열기는 오늘날까지 이어지고 있습니다. 20주년이 되던 1990년부터는 지구의 날이 전 세계로 퍼졌고, 2009년 유엔에서 만장일치로 4월 22일을 어머니 지구의 날^{Mother Earth Day}로 공식 지정했습니다. 모든 생명이 지구에서 나와 지구에서 살다가 다시 지구로 돌아가니 어머니란 수식어가 지구에 잘 어울립니다. 그런데 우리는 지구를 정말로 어머니처럼 여기며 사는 걸까요? 그렇다면 아무리 내리사랑이라 해도 한번쯤은 지구 처지를 생각해 봐야 하지 않을까요? 1969년이면 지금으로부터 50년쯤 전인데 그때도 환경 문제가 있었을까 싶지만 산업화가 일찍 진행된 미국에서는 환경 문제가 이미 수면 위로 올라와 있었습니다.

그보다 일 년 앞선 1968년에는 이탈리아 사업가인 아우렐리오 페체이가 환경 오염의 심각성을 인지하고 이를 연구하고자 관련 전문가 서른 명과 함께 로마클럽을 만들었습니다. 1972년 경제 성장이 환경에 미치는 부정적 영향을 작성한 보고서 『성장의 한계』가 세계적인 베스트셀러가 되면서 로마클럽은 전 세계에 알려졌습니다.

　『성장의 한계』에는 수련과 연못에 관한 비유가 나옵니다. "연못에 수련이 자라고 있어요. 수련이 하루에 두 배로 늘어나는데 29일째 되는 날 연못의 반이 수련으로 덮였습니다. 자, 수련이 연못 전체를 덮는 날은 언제일까요?" 아직 반이나 남았는데 무슨 걱정이냐며 오히려 이런 질문을 의아하게 생각하는 게 일반적인 반응일 거예요. 나머지 반을 덮을 날은 아직도 많이 남았을 거라 막연히 짐작하니까요. 연못에만 관심 있는 사람이라면 수련 자체를 아예 못 볼 수도 있습니다. 그런데 연못을 지구, 수련을 우리가 걱정하는 환경 문제로 바꿔 상상해 보면 어떨까요? 수련이 연못 전체를 덮는 날, 연못은 회생 불가능한 상태가 됩니다. 다시, 수련이 연못 전체를 덮는 날은 언제일까요? 힌트는 수련이 하루에 두 배로 늘어난다는 것입니다. 그런데도 아직 반이 남았다며 태연할 수 있을까요? 『성장의 한계』가 출간되고 미국에서 지구의 날이 생긴 무렵, 한국에서는 경제 개발 5개년 계획이 한창 진행되고 있었습니다. 그 시기 한국은 아직 물 맑고 공기 깨끗한 곳이었습니다. 그런데 우리나라 생태 발자국은 1960년대 후반부터 용량을 넘어서기 시작했습니다. 경제 개발로 지구를 혹사하며 살기 시작했다는 말입니다. 그렇다면 이것이 발전일까요? 발전은 좋은 상태로 나아가는 걸 의미하지 않나요?

경제학자이자 사회학자인 뉴욕시립대 데이비드 하비 교수는 『세계를 보는 눈』에서 통념으로 예측하거나 설명하기 어려운 변화가 세계 차원에서 반복된다고 했습니다. 중국은 2011년부터 단 2년 동안 65억 톤이 넘는 시멘트를 소비했습니다. 미국이 20세기 100년 동안 소비한 시멘트 소비량은 45억 톤이었습니다. 하비는 전 세계 곳곳에서 전개돼 온 도시화를 최근 중국에서 엄청난 규모로 진행되는 도시 인프라 구축 과정을 들어 설명합니다. 그 과정에 들어가는 모든 자원은 지구에서 옵니다. 해마다 지구생태발자국네트워크Global Footprint Network에서 전 세계 나라의 지구 생태 용량 초과의 날Earth Overshoot Day을 발표합니다. 일 년 동안 인류가 필요로 하는 지구 자원량물, 공기, 토양 등이 지구가 생산하고 폐기물을 받아들일 범위를 초과하는 시점을 날짜로 나타낸 것입니다. 2019년 인류가 지구의 생태 용량을 초과한 날은 평균이 7월 29일이며 지금과 같은 소비 형태로는 지구가 1.76개 필요합니다. 하나뿐인 지구에서 1.76개 지구를 쓴다는 게 말이 될까요? 말이 되는 소리입니다. 저개발 국가들이 지구 생태 용량을 떠받치고 있기 때문이지요. 카타르는 2월 11일, 룩셈부르크는 2월 16일, 미국은 3월 15일, 한국은 4월 10일, 노르웨이는 4월 18일에 지구 생태 용량을 초과했습니다. 그런데 페루는 9월 23일, 베트남은 10월 8일, 에콰도르는 12월 14일에 용량을 초과했고, 가장 늦게까지 지구 생태 용량을 유지한 나라는 인도네시아로 12월 18일입니다. 이 통계치에 오르지 않은 많은 군소 국가까지 생각하면 이 불가능이 가능해진 이유를 이해하고도 남지 않나요?

충청북도 제천의 한 마을에 갔을 때 주변 산들 반 이상이 깎인 걸 본 적이 있습니다. 산 전체가 석회석이다 보니 산이 곧 시멘트 원료인 탓입니다. 그 풍경을 보면서 우리가 지구를 깎아먹고 있다고 생각했습니다. 특히 잘사는 전 세계 20퍼센트 사람들이 지구를 사용하는 모습을 풍선 부는 모습에 비유해 볼게요. 보통 풍선은 양손으로 잡고 붑니다. 왜 그럴까요? 잡고 있지 않으면 풍선이 날아가 버릴 수 있기 때문입니다. 또 풍선을 잡고 부는 까닭은 풍선 상태를 알기 위해서지요. 바람이 충분한지 너무 빵빵한 건 아닌지를 느끼고 적절히 조절하려는 거지요. 그런데 우리가 지구를 사용하는 모습은 풍선을 손으로 붙잡지 않고 부는 꼴입니다. 지구 상태가 어떻게 되든 알 바 아니라는 식인 거지요. 그러니 지구 자원이 고갈 위기에 처했는지 쓰레기가 넘쳐나는지 관심이 없습니다.

1980년 칼 세이건은 『코스모스』에서 지구 환경을 보호해야 하는 종으로서 인류의 책임과 의무를 강조했습니다. 해마다 지구의 날 행사를 치르지만 정말 우리는 지구에서 책임과 의무를 다하고 있을까요? 꺼내 쓰며 소비한 뒤 지구에는 쓰레기만 돌려주고 있는 건 아닐까요?

폭죽과
풍선의 행방

동해 바다를 보러 갔다가 눈에 거슬리는 모습을 보고야 말았습니다. 해안가에 있는 쓰레기통마다 전날 밤에 폭죽놀이를 하고 버린 쓰레기가 그득했습니다. 그 장면이 좀 충격적이어서 사진을 찍다 보니 끝이 없었습니다. 폭죽 쓰레기는 여러 재질로 돼 있어서 분리배출이 어려워 일반 쓰레기로 소각되거나 매립되겠지요. 폭죽을 태울 때 나오는 연기는 미세 먼지의 원인이 됩니다. 고작 한두 개 태우는 걸 가지고 까탈스럽다 할지 모르겠으나 쓰레기통에 버려진 폭죽 쓰레기는 고작 한두 개가 아니었어요. 티끌도 모으면 태산이 되듯 한 사람에게는 한두 개지만 그게 모이면 어마어마한 수가 됩니다. 그리고 폭죽을 터뜨릴 때 나오는 미세 먼지뿐만 아니라 분리배출이 되지 않는 폭죽 쓰레기를 태울 때 나오는 미세 먼지까지 생각하면 결코 까탈스럽다 할 일이 아니지요.

　　밤에 폭죽이 있다면 낮엔 풍선이 있습니다. 행사 분위기를 띄우고자 풍선을 날리는 건 비용 대비 가장 화려한 효과를 거둘 수 있는 일이라 선호되는 이벤트입니다. 이벤트 규모에 따라 많게는 수천 개에 이르는 풍선을 날리고 사람들은 수천 개 풍선이 하늘로 둥실 올라가는 모습에 환호합니다. 헬륨이 든 풍선은 공기보다 가볍기 때문에 날리는 순간 높이 그리고 멀리 갑니다. 그렇게 날아간 풍선은 어떻게 될까요? 하늘로 올라가다 어느 시점에서 터지기도 하고 바람이 빠지기도 합니다. 풍선 조각이 13퍼센트, 바람 빠진 풍선이 80퍼센트 정도 비율로 떨어지며 쓰레기가 됩니다. 그렇다면 이 쓰레기를 수습하는 사람이 있을까요? 혹시나 그러고 싶은 사람이 있어도 그러지는 못할 것입니다. 너무 멀리 날아가기 때문이지요. 2016년 새해 첫날에 충청북도 충주시에서 날린 풍선이 다음날 일본 효고현 히메지시에서 발견됐습니다. 이틀 만에 풍선이 700킬로미터를 날아간 셈입니다.

최근 이 풍선 쓰레기가 환경을 해치고 동물을 위험에 빠트릴 수 있다는 주장이 제기됐습니다. 풍선은 고무, PVC, 은박 등으로 만듭니다. 여느 쓰레기가 안고 있는 썩느냐 마느냐 하는 문제는 풍선 쓰레기의 핵심이 아닙니다. 바다에 떨어진 풍선 조각이며 바람 빠진 풍선은 그 자체로 문제가 됩니다. 이런 잔해들이 바다에 떨어지면 해조류와 비슷해 보이기 때문에 바닷새 같은 생물들이 잔해를 삼킵니다. 얇은 풍선 조각은 위벽에 붙거나 기도를 막기 때문에 사망률이 40퍼센트에 이릅니다. 풍선을 묶은 실은 동물 몸을 옭아매기도 합니다. 2017년 미국 서던캘리포니아 해변에서 발견된 바다거북은 터진 풍선 잔해에 몸이 감겨 움직이지 못했습니다. 호주 태즈메이니아대 산하 해양 및 남극학연구소IMAS 와 호주 연방과학산업연구기구CSIRO 가 발표한 공동 연구에 따르면 바닷새를 죽음에 이르게 하는 여러 해상 쓰레기 가운데 가장 치명적인 게 풍선이었습니다.

폭죽 쓰레기가 처박힌 쓰레기통을 보면서 두 가지 생각을 했습니다. 먼저, 쓰레기통은 은연중에 사람들에게 쓰레기가 영원히 사라진다는 착각을 심어 주는 것 같습니다. 쓰레기에 대한 책임이 쓰레기통에서 끝나기 때문입니다. 그러나 과연 쓰레기는 말끔히 치워질까요? 분리배출이 되지 않는 폭죽 쓰레기는 어딘가에 쌓여 있다가 유해 물질을 내뿜으며 태워질 뿐이며, 그러면서 미세 먼지를 배출합니다. 그나마 수거라도 할 수 있으니 폭죽 쓰레기는 오히려 다행이라고 해야 할까요? 하늘로 날린 풍선은 아예 잔해를 수거할 수 없고, 바다에 떨어진 풍선 쓰레기는 사라지기는커녕 오히려 다른 생물의 목숨을 위협합니다. 폭죽놀이를 즐기고, 풍선 이벤트에 환호하는 사람들 가운데 쓰레기의 다음 행방을 생각하는 사람은 얼마나 될까요?

소비 사회에서는 즐거움도 물질을 소비해야만 얻을 수 있는 것 같습니다. 바람에 일렁이는 나뭇잎을 바라보는 일, 철새들이 떼를 지어 날아가는 풍경 같은 건 더 이상 즐거움일 수 없고, 더욱 자극적이고 역동적이어야 즐겁다고 할 만한 세태인 듯해 어쩐지 씁쓸합니다. 욕망이 더 큰 욕망을 부추기듯이 물질 소비는 점점 더 많은 물질 소비를 부추깁니다. 누군가는 깜깜한 밤 바닷가에서 아름다운 폭죽놀이로 즐거운 시간을 보냈겠지요. 반짝이는 불꽃이 순식간에 밤하늘을 수놓는 모습은 누구에게든 즐거움을 선사하니까요. 사람이 날 수 없기 때문인지 공중에 떠 있는 풍선을 보면 어쩐지 환상적인 분위기에 젖습니다. 공기 저항이 줄을 타고 전해지기에 아슬아슬한 즐거움도 느낄 수 있고요. 무게감이랄 것도 없는 풍선을 그래서 손에 땀이 나도록 꼭 쥐고 걸었던 어린 날의 기억이 떠오릅니다. 이어 즐거움의 본질이 무엇인지 생각해 봅니다. 어떤 조건에도 구애받지 않은 자유로운 상태가 아닐까 합니다. 그렇다면 내 주변 생명들의 숨통을 조이며 얻는 즐거움은 즐거움이라 부를 수 없지 않을까요? 물건을 소비할 때마다 내가 버린 쓰레기가 결국 어떻게 될지를 한번쯤 생각해 본다면 현재 우리의 소비 습관을 조금이나마 바꿀 수 있을지도 모를 일입니다.

오버
투어리즘

부탄은 히말라야 산맥에 위치한 작은 나라로, 2010년 영국 신경제재단[NEF]이 발표한 국가별 행복 지수 조사에서 1위를 차지하며 널리 알려졌습니다. 경제 지표와 관련 없이 행복하게 사는 나라라는 이미지 때문인지 부탄에 가고 싶다는 사람들을 종종 만납니다. 그런데 부탄을 여행하려면 돈이 많이 듭니다. 여행 경비에 더해 하루 65달러를 관광세로 내야 하기 때문입니다. 부탄 정부가 관광세를 걷는 데에는 이유가 있습니다. 무상 교육과 의료 같은 복지 재원을 마련하려는 목적도 있지만 그 이전에 여행객 수를 조절해 자연과 문화 파괴를 막기 위해서입니다. 관광객 수를 제한하지는 않지만 일시적으로 관광객이 몰리는 시기에는 입국 인원을 조절하기도 합니다. 과도한 관광객들이 몰고 올 부작용을 사전에 차단하려는 지혜입니다.

"우리는 당신들을 환영하지 않는다." 2016년 9월, 이탈리아 베네치아 시민들이 베네치아항으로 들어오는 대형 크루즈를 막아선 채 들고 있던 피켓에 쓰인 문구입니다. 관광으로 먹고산다고 해도 지나치지 않을 도시 베네치아에서 시민들이 이런 피켓을 든 이유는 무엇일까요? 베네치아에 사는 사람은 5만 5,000여 명이지만 베네치아를 찾는 관광객은 하루 평균 6만여 명, 사육제 기간에는 17만 명 가까이 이르기도 합니다. 이렇게 많은 관광객이 오가다 보니 쓰레기는 넘쳐나고, 소음은 말할 것도 없습니다. 우리에게 익숙한 젠트리피케이션이 이곳에서도 벌어집니다. 치솟는 임대료 때문에 주민들이 다니던 채소 가게는 관광 상품을 파는 가게로 바뀝니다. 그러니 시민들도 더는 버틸 재간이 없었던 듯합니다. 관광지가 있는 곳이라면 세계 어느 도시를 막론하고 벌어지는 현상입니다. 한옥 마을로 유명한 서울 북촌 주민들 역시 넘쳐나는 관광객들로 고통을 겪기는 마찬가지입니다. 제발 오지 말라는 문구를 붙여 놓은 대문이 어렵잖게 눈에 띕니다. 하루 종일 관광객들이 내는 소음과 쓰레기로, 대문을 열고 나가려면 들여다보는 정도를 넘어 마당까지 들어와 구경하는 관광객들로 주민들은 몸살을 앓습니다. 동네에 있던 음식점도 하나둘 카페로 바뀌면서 주민들이 누릴 수 있는 공간이 계속 사라지자 동네를 떠나는 주민들도 늘고 있습니다. 비교적 인구가 적은 제주시와 강원도 폐기물 통계를 본 적이 있습니다. 인구에 비해 지나치게 많아진 폐기물과 관광객 사이에 함수 관계는 없는 걸까요?

한국관광공사가 발표한 한국 관광 통계에 따르면 2019년 상반기 우리나라를 찾은 방문객 수는 843만 9,214명으로 두 자릿수 성장률을 기록했습니다. 한 언론은 이를 두고 우리나라 관광 시장이 두 자릿수 성장을 기분 좋게 달성했다고 전했습니다. 과연 이 기분은 누구의 기분일까요? 관광 업계는 기분이 좋을 수도 있겠습니다. 많은 사람이 온다는 건 경제적 이득도 함께 오는 것일 테니까요. 그런데 관광지에 사는 주민들의 기분도 좋을까요? 베네치아 주민이나 북촌 주민의 반응을 보면 결코 아닙니다. 이렇게 많은 사람이 여행을 다니는 배경에 저비용항공사LCC의 성장이 있습니다. 국내 여행보다 저렴한 외국 여행 상품이 나올 수 있었던 것도 저비용항공사에 힘입은 바 큽니다. 2019년 기준 우리나라 저비용항공사 수는 세계 최대 보유국인 미국과 함께 9개가 됐습니다. 하늘길만 복잡해진 게 아닙니다. 크루즈 입항 시장이 활성화되면서 관광객 수도 증가했습니다. 부산항이 크루즈 입항으로 가장 붐비는 항구가 됐습니다.

　　크루즈 관광은 환경 친화적인 여행인 양 알려져 있지만 크루즈에 쓰이는 연료는 중유입니다. 육지에서는 유해 쓰레기로 처리되는 연료인 중유는 육지에서 주로 쓰이는 연료인 디젤보다 3,500배 많은 유황을 함유하며 지구 온난화에 막대한 영향을 끼칩니다. 크루즈 한 척이 하루에 대략 중유 150톤을 소비하는데 이는 자동차 수백만 대와 맞먹는 대기 오염 물질을 배출하는 셈입니다. 국제 환경 단체인 그린피스GREENPEACE 자료에 따르면 선박 배기가스 때문에 유럽에서 일 년에 5만 명이 조기 사망하는 걸로 나왔습니다. 독일 자연보호협회NABU 는 크루즈 연료를 깨끗한 해양 디젤로 전환하고 오염 물질을 거를 미세 필터를 장착하라고 요구하고 있습니다. 크루즈는 먼 바다를 항해할 때만이 아니라 항구에 정박해서도 에너지를 소비합니다. 배를 대고 사람들이 체크인과 체크아웃 하는 동안 대기하는 등 항만에서만 에너지의 40퍼센트를 소비합니다.*

우리는 익숙한 환경을 벗어나 새로운 곳을 여행하면서 다양한 문화를 배우고 즐기며 위안을 얻고 오기도 합니다. 그러나 여행에도 명암이 있을 수밖에 없습니다.

* http://ecomedia.co.kr/news/newsview.php?ncode=1065571810236113

비행기든 크루즈든 운항하는 동안에는 에너지를 소비하고 오염 물질과 온실가스를 배출할 수밖에 없습니다. 이미 이동하는 순간부터 환경에 반하는 일은 시작되고, 관광지 주민들은 소음과 쓰레기 등으로 몸살을 앓습니다. 부탄 관광세는 이렇게 충돌하는 가치의 균형을 적절히 맞춘 방법일 것입니다. 여행지 문화, 환경 파괴 문제를 해결하려면 부탄처럼 해당 나라 정부나 지자체도 대안을 모색해야겠지만 여행자 또한 현지 상황을 배려하며 여행할 방법을 고민해야 하지 않을까요?

아무것도
사지 않는 날

저녁 설거지를 마치고 부엌 창 너머를 잠시 내다보고 있었습니다. 7시가 조금 넘었을 뿐인데 이미 어둠이 온전히 내려앉아 사위가 깜깜했습니다. 겨울이라 해가 지는 시간이 점점 빨라졌습니다. 그러다 문득 앞 동에서 반짝이는 불빛이 보였습니다. 어느 집 거실에 마련해 놓은 크리스마스트리에서 색색 전구가 반짝이고 있었습니다. 그러고 보니 얼마 전 들렀던 연말 분위기 물씬 풍기던 거리가 생각났습니다.

한 가게 점원이 밖으로 나와 블랙 프라이데이라고 적힌 손 팻말을 들고 있었습니다. 몇 년 사이에 블랙 프라이데이는 쇼핑 업계를 중심으로 우리 사회에서도 빠르게 퍼졌습니다. 미국에서 시작된 블랙 프라이데이는 11월 추수감사절을 시작으로 크리스마스, 새해 무렵까지 이어지는 대규모 쇼핑 시즌입니다. 연말 분위기에 편승해서 기업들이 소비를 부추겨 매출을 올리려고 안간힘을 쓰는 시기입니다. 블랙 프라이데이에 대한 반동으로 과도한 소비가 언제까지고 가능하지는 않으리라 생각하는 사람들이 나타났고 그들 사이에서 '아무것도 사지 않는 날'이 자연스레 생겼습니다. 처음에는 추수감사절이 끝날 즈음인

11월 마지막 주 어느 날이었는데 이후 한 환경 단체가 11월 26일로 정하고 알리기 시작했습니다.

피아니스트 세이모어 번스타인*의 삶과 예술 세계를 담은 다큐멘터리 영화 〈피아니스트 세이모어의 뉴욕 소네트Seymour: An Introduction〉는 새로운 발견이었습니다. 제 삶에 영향을 끼친 몇 편의 영화 가운데 하나입니다. 세이모어의 더할 수 없이 멋진 연주와 하나하나 받아 적고 싶도록 깊은 철학이 담긴 그의 대사에도 감명을 받았지만 무엇보다 그의 삶을 그대로 보여 주는 집이 특히나 감동이었습니다. 영화에서는 여러 차례 세이모어의 집 내부가 공개됐습니다. 피아노가 놓인 거실 하나에 작은 부엌과 화장실이 전부인 그 소박한 공간이 무척 인상 깊었습니다. 아침에 일어나면 세이모어는 먼저 침대를 접어 소파로 만듭니다. 그러고 나면 침실은 순식간에 거실로 바뀝니다. 피아노 레슨을 받으러 온 제자들이 모두 돌아가고 하루 일과를 끝낸 세이모어는 다시 소파를 펼쳐 침대로

*세이모어 번스타인은 피아니스트로서 명성을 떨치던 시기에 스스로 은퇴했습니다. 부와 명예가 좋은 음악을 하는 데에 방해가 된다고 느꼈기 때문입니다. 이후 그는 뉴욕에 있는 작은 집에서 제자들을 가르치는 데에 전념했습니다.

만듭니다. 노구를 이끌며 아침저녁으로 소파 침대를 접었다 펼쳤다 하는 세이모어를 보며 어떤 측은이나 가난 같은 낱말은 떠오르지 않았습니다. 오히려 고귀한 삶의 방식을 엿봤다고 할까요. 언젠가 읽은 책 『나는 단순하게 살기로 했다』 저자 사사키 후미오의 집도 비슷했습니다. 그곳에서 소파 침대와 함께 제 눈길을 끈 건 탁자로 밥상으로 디딤판으로 쓰는 물건이었습니다. 법정 스님은 무소유란 아무것도 갖지 않는 게 아니라 정말 필요한 것만 소유하는 거라고 했습니다. 어느 날 접시를 꺼내려 찬장 문을 열었다가 그 많은 접시 가운데 정작 사용하는 접시는 열 개를 넘지 않는다는 걸 깨달았습니다. 열 개도 어쩌다 쓰는 것까지 포함한 개수니 실제 사용하는 접시는 손에 꼽을 정도입니다. 그러니 나머지는 그저 자리를 차지할 따름입니다. 찬장마다 그득한 저 많은 그릇 가운데 그릇으로 쓰임을 한 번도 하지 않은 게 훨씬 많다는 걸 알고 나니 내게 필요한 물건은 몇 가지나 되며, 정말 필요한 것의 기준은 뭘까 생각해 보게 됐습니다.

　꼭 11월 26일이 아니더라도 올해는 나도 한 달에 하루를 정해서 아무것도 사지 말아야겠다고 마음먹었습니다. 집을 나섰다가 돌아올 때까지 아무것도 사지 않으면 되니까 하루쯤이야 할 수 있겠지 싶었습니다. 드디어 그날이 돌아왔습니다. 밖에 있으니 점심시간에 뭔가를 사 먹어야 했습니다. '아무것도 사지 않는 날인데'라고 내 안에서 목소리가 들려왔습니다. 그런데 또 다른 목소리가 '이건 끼닌데? 그러니까 예외지'라고 반론을 제기했습니다. 듣고 보니 그랬습니다. 그래서 밥을 사 먹었습니다. 그러고 나니 커피가 또 생각났지만 굳은 의지로 건너뛰었습니다. 오후에 사람들을 만나 회의를 했습니다. 카페에서 만나다 보니 자연스레 음료를 주문해야 했습니다. 결국 그날은 아무것도 사지 않는 날이 되지 못했습니다.

집에 와 곰곰이 생각해 봤습니다. 바깥에서 끼니를 해결해야 한다면 아무것도 사지 않는 날이 될 수 없을까? 미리 도시락을 챙겨서 나서면 아무것도 사지 않을 수 있겠더군요. 회의가 있으면 음료도 챙겨 가면 됩니다. 아무것도 사지 않는 하루를 보내려면 소풍 가듯 가방을 챙겨 다니면 되는 일이었습니다. 물건이 흔치 않던 시절 우리 삶은 대략 이렇지 않았을까 싶습니다. 누구든 길을 떠나기 전에 끼니가 될 만한 걸 봇짐 속에 넣는 일은 당연했습니다. 동서고금을 막론하고 이런 삶은 꽤 오래 이어졌습니다. 인류가 지금처럼 언제 어디서든 돈만 있으면 모든 걸 해결할 수 있는 삶을 산 지는 얼마 되지 않습니다. 이 짧은 시간 동안 우리는 편리함에 길들었고, 이런 삶에서 조금이라도 벗어나면 괴롭고 불안해집니다. 그러나 이처럼 편리하고 풍족한 삶이 언제까지 지속될지는 모를 일입니다. 좀 낯설고 번거롭더라도 소비하는 삶보다 지속 가능한 삶 쪽으로 방향을 틀어 보는 건 어떨까요? 세이모어의 삶이 더 빛나는 건 그의 철학이 삶 속에 고스란히 녹아들었기 때문이었어요.

물건의 무덤

여럿이 모여 공부하는 모임이 있는데 마침 한 멤버의 생일이 다가오자 선물로 어떠냐며 모임을 이끄는 이가 추천하는 물건이 단톡방에 올라왔습니다. 언뜻 보기엔 그저 시계 같은데 뉴스 검색은 물론 걸음 수 측정, 수면 관리 등 다양한 기능이 있는 아주 핫한 물건, 스마트 워치였어요. 이미 그걸 사용하고 있는 몇몇이 무척 좋다며 품평을 했고요. 저를 포함한 서너 명은 "이런 물건도 있네" 하며 놀라워했습니다. 선물은 마음의 표현이고 마음을 적극 표현하는 일은 좋은 일이라 생각합니다. 그러니 선물을 반대할 까닭이 없지요. 다만 선물을 선택할 때 놓치지 말았으면 하는 게 떠오르더군요.

'전화기의 무덤'이라는 사진을 본 적이 있습니다. 2013년 뉴욕에 기반을 두고 활동하는 프리랜서 사진작가 데이브 블레드소 Dave Bledsoe 작품인데요. 뉴욕 135번가와 12번가 근처의 고가 철로 아래에 공중전화 부스 100여 개가 오랫동안 방치된 걸 발견하고 찍은 사진이었어요. 당시 뉴욕시 곳곳에 방치된 공중전화 부스가 1만여 개 넘게 있었다고 합니다. 같은 해 영국 노팅엄셔의 뉴어크에도 빨간 공중전화 부스가 쌓인 무덤이 있었어요.

2012년 런던 올림픽을 개최하면서 낡은 전화박스를 무더기로 교체하며 내다 버린 거지요. 지구 곳곳에는 다양한 종류의 무덤이 있습니다. 우리가 익히 아는 무덤과 다른 게 있다면 무덤 주인이 물건이라는 거지요. 중국 충칭 외곽에는 노란 택시 무덤이 있습니다. 더 이상 운행할 수 없이 낡은 택시는 폐차 수순을 밟기도 하지만 그 또한 비용이 드는지라 버려지는 택시도 상당한가 봅니다. 일본 군마현 타마무라에는 자판기 나라답게 자판기 무덤이 있습니다. 미국 사막 곳곳에는 비행기 무덤이 있고요. 서아프리카 모리타니의 누아디부 항구에는 버려진 배들의 무덤이 있는데요, 배 무덤만 있지 않습니다. 포르투갈 타비라 바닷가에는 한때 북적이던 항구가 쇠락하면서 버려진 닻 수백 개가 꽂힌 닻 무덤도 있어요. 이런 무덤들은 우리 문명의 그늘을 보여 주는 한 단면입니다. 새 물건에는 너나없이 관심을 갖지만 버려진 물건이 어디로 흘러들어 가 어떻게 되는지에는 몇이나 관심이 있을까요?

난생처음 집에 전화가 놓이던 날을 생생하게 기억하고 있어요. 까만색 다이얼 전화기는 수화기와 몸통이 꼬불거리는 줄로 연결되어 있었지요. 통화를 오래 하면 다른 전화를 못 받는다며 얼른 끊으라던 아버지 잔소리도 기억이 납니다. 그랬던 시절을 지나 이젠 집집이 식구 수만큼 전화기를 갖고 삽니다. 정보 통신 기술^{ICT}이 발전하면서 전화기의 진화는 따라갈 수 없을 만큼 빠른 속도로 진일보하고 있고요. 이름도 더 이상 전화가 아닌 스마트폰이 됐습니다. 전화기 그 이상의 기능이 다 들어 있으니까요. 가끔 사람들에게 스마트폰을 몇 번이나 교체했냐는 질문을 던져 보면 몇 번 바꿨는지 정확히 기억하는 사람이 의외로 많지 않았어요. 아마도 여러 번 바꿨기 때문이겠지요. 스마트폰 교체 주기도 점점 짧아지고 있고요. 2007년부터 10년간 전 세계 스마트폰에 관한 통계를 본 적이 있습니다. 앞서 언급했듯이 스마트폰이라는 한 종류 물건을 10년 동안 무려 71억 개나 만들었더군요. 이걸 제조하느라 쓰인 전력 소비량은 968테라와트시^{TWh}로 인도의 연간 전력 소비량과 맞먹는 양입니다. 스마트폰 하나 만드는 데에 들어가는 광물 종류는 20여 가지가 넘습니다. 또한 이를 채굴하고 정련하는 데에도 많은 에너지, 물, 화공 약품 등이 소비됩니다. 예를 들면 정련 과정에서 광석을 씻는 데에 시간당 최대 5만 리터 물이 쓰입니다. 그런데 이렇게 채굴한 광물 가운데 아주 일부만이 광원으로 쓰이고 나머지는 그냥 버려집니다. 기술 자본주의 추구라고 표현할 만한 정보 통신 기술 제품을 만들고자 생태계는 파헤쳐지고 지구 일부였던 광물은 화학 물질로 범벅이 된 채 버려지는 겁니다. 이렇게 어마어마하게 많은 전력과 광물과 에너지를 들여서 만든 스마트폰 교체 주기가 세계 평균 2.7년입니다, 고작.

선물이 하고 많은 것 가운데 스마트 워치라는 게 저는 어쩐지 불편했습니다. 선물을 받을 사람은 이미 스마트폰도 있고 랩톱도 있거든요. 비슷한 기능인데 좀 더 편리한 기능을 따로 떼어 만든 그 물건이 저는 영 탐탁지 않았습니다. 기업은 계속해서 필요를 만들어 냅니다. 그렇게 만들어 내는 필요에 따라 소비하는 동안 이 지구에는 얼마나 많은 물건 무덤이 생겨날까요? 얼마나 많은 생태계가 파헤쳐질까요? 약정 기간 끝날 때 즈음 고장이 나는데 그럼 어떡하느냐고요? 계속 모델을 바꾸며 과잉 생산하는 속도에 브레이크를 걸어야지요. 고장 난 제품을 충분히 고쳐 쓸 수 있도록 제도를 바꿔야 합니다. 빠른 시일에 제품을 단종시키고 계속 새로운 제품을 생산하기보다 제품 수명을 늘릴 수 있는 제도를 마련해야 합니다. 설령 제품 생산이 멈췄다 해도 부품을 구할 수 있는 시스템을 기업이 갖추도록 해야 합니다. 지구 자원은 결코 화수분도 아니고 지구가 언제까지 우리가 쓰고 버린 쓰레기를 감당할 수도 없는 일이니까요. 이렇게 박박 긁어 쓰고 탈탈 털어 쓰면 우리는 대체 다음 세대들에게 어떤 세상을 넘겨줄 수 있을까요? 서랍 어딘가에 처박아 둔 스마트폰이 있다면 얼른 우체국에 가져가야 합니다. 되살려 쓸 수 있는 부품이라도 우선 순환시켜야 하니까요. 선물이 또 다른 무덤을 만드는 일에 일조하지 않았으면 합니다.

공정하게
그리고 함께

집에서 쓰는 설탕을 마스코바도로 바꾼 지 꽤 됩니다. 마스코바도는 정제하지 않은 설탕으로, 필리핀 네그로스섬에서 사탕수수 농민을 후원하는 프로젝트를 시작하면서 우리나라에 알려졌어요. 프로젝트를 간단하게 설명하면, 500그램짜리 마스코바도 한 봉지를 사면 네그로스섬 농민을 위한 후원금 100원이 적립됩니다. 이 돈이 모이면 네그로스섬 농민에게 낮은 이자로 소액 대출을 해 주고, 농민은 이걸 종잣돈 삼아 사탕수수를 나르는 중고 트럭도 사고 동네에 우물도 팔 수 있게 됩니다. 여유가 좀 생기면 농사에 도움이 되고 새끼를 낳으면 농가 자산이 되는 가축도 사서 기를 수 있습니다. 지금까지 대출금을 갚지 않은 농민은 단 한 사람도 없다고 합니다. 마스코바도는 일반 설탕에 비해 단맛은 좀 덜한 대신에 정제하지 않았기 때문에 사탕수수에 함유된 다양한 미네랄, 칼슘, 인, 단백질이 풍부합니다. 가격은 일반 설탕의 4배 정도로 비싸지만 설탕을 많이 먹는 것도 아니고 더구나 내가 산 설탕 한 봉지가 누군가에게 힘이 된다는 걸 생각하면 사지 않을 이유가 없습니다.

과거에 네그로스섬은 워낙 토질이 비옥해서 그곳

농민들은 농사만으로도 먹고살기에 충분했습니다. 그런데 1920년대 외국 자본가와 필리핀 지주 들이 네그로스 섬 땅을 죄다 사들였고 숲까지 벌목하며 사탕수수 농장을 만들었습니다. 자기 땅에서 농사를 짓던 사람들은 한순간에 사탕수수 농장 노동자로 전락했습니다. 그러다가 설탕 값이 폭락하면서 실업자가 됐고 굶어 죽는 일마저 비일비재해졌습니다. 시대가 바뀌자 농민들도 새로운 탈출구를 찾기 시작했습니다. 땅을 갖고 있던 주민들은 다른 나라 소비자들에게 유기농 설탕을 팔기로 했고, 이렇게 마스코바도 공정 무역이 시작됐습니다.

공정 무역이라는 말이 생긴 것만으로도 그동안 무역이 공정하지 않았다는 걸 알 수 있습니다. 물건이 넘쳐 나는 세상에 살다 보면 우리가 먹고 입고 쓰는 걸 누가 생산하는지에 관심을 갖기 어렵습니다. 생산자 얼굴은 모른 채 기업 로고만 대면하기 때문입니다. 소비자는 이왕이면 싼 상품을 선호할 수밖에 없어 기업 논리대로 따라가니 생산자의 수고로움과 생산지의 생태나 환경 문제가 가격 형성에 영향을 미치기도 어렵습니다. 상품을 만들고자 힘든 노동을 견딘 생산자가 노력에 비해 턱없이 부족한 대가를 받으면 일할 의욕도 생기지 않을 뿐만 아니라 당장 생계가 어려워집니다. 물질적, 정신적으로 피폐한 상황에서 생산자에게 질 좋은 생산물을 요구하는 건 정의롭지 못한 일 아닐까요? 생산자와 소비자 모두에게 혜택이 돌아가야 말 그대로 상생이고 공정한 세상일 겁니다.

가격으로만 놓고 물건을 비교하면 4배나 비싼 설탕을 살 이유가 사라집니다. 그러나 이 4배에 저 먼 나라의 생태 환경을 보전하는 비용과 그곳에서 농사를 짓고 살아가는 사람들의 자립을 돕는 데에 일조하는 비용이 포함된 거라 생각하면 안 살 이유가 없습니다. 우리 집에서는 한 달에 마스코바도를 5봉지도 채 먹지 않습니다. 그러니 한 달 1만 원 안팎으로 우리 식구는 좋은 설탕을 먹을 수 있고 그곳 농부들은 다시 농사를 지을 힘을 얻을 수 있으니 서로 좋은 거지요. 내가 하는 소비가 누군가에게 힘이 되고 땅을 살리는 데에 이바지한다면 이런 소비는 적극 장려할 만합니다.

면도용 크림이
완벽한 아내를?

오늘도 아파트 주차장에서 택배 차량을 만납니다. 짐칸에 잔뜩 쌓인 물건 가운데 배달할 물건을 고르는 이의 손이 바쁩니다. 코로나19로 대중의 소비 패턴이 오프라인 매장에서 온라인 매장으로 옮겨 가고 있다는 뉴스를 접했습니다. 그러니까 내 발로 가게에 가서 물건을 사는 게 아니라 인터넷 쇼핑몰에서 물건을 구매하는 사람들이 증가하고 있다는 뜻이지요. 한 지인은 물건 파는 가게에 가 본 게 언젠가 싶을 만큼 모든 물건을 다 배달시킨다고 해요. 심지어 요즘은 학기 초에 아이들 준비물조차 택배로 받는다고 합니다.

이런 이야기를 들으니 〈구글 베이비Google Baby〉라는 다큐멘터리가 생각났습니다. 2002년부터 상업적 대리모 산업이 합법화된 인도가 배경으로, 예를 들어 파란 눈에 금발인 아기를 원하면 메뉴판처럼 메뉴를 고르듯 파일에서 파란 눈에 금발인 여성정확히는 그 여성의 난자을 선택하고, 그러면 대리모가 그런 아기를 대신 낳아 준다는 내용입니다. 인도는 세계의 아기 공장이라는 오명을 달고 있습니다. 아기 공장! 그러니까 지금 세상은 아기도 생산하고 배달되는 시절이라는 말이지요. 그러니 물건쯤이야. 어떤 물건이든 배달이 가능한 건 어쩌면 당연한 소리인지도 모르겠네요.

집에 텔레비전을 없앤 지가 이십 년이 다 돼 갑니다. 텔레비전을 없앤 이유는 쏟아지는 광고에서 자유롭고 싶어서였습니다. 무차별적인 광고에 나와 내 가족이 노출되는 꼴을 더는 볼 수가 없었습니다. 그렇다면 자유로워졌을까요? 글쎄요. 빌딩이나 움직이는 자동차는 말할 것도 없고 스마트폰이든 컴퓨터든 뉴스만 열어도 기사를 가리는 광고의 홍수 속에 질식할 지경입니다. 인류 역사상 공급이 수요를 초과한 시대는 지금 우리가 사는 이 시대가 최초이자 아마도 마지막일 겁니다. 남은 자원을 생각해 봐도 지구의 여력을 생각해 봐도 더는 이런 시대가 지속될 수는 없을 테니까요. 그런데도 물건은 점점 늘어나고 이는 곧 과잉 소비로 이어집니다. 대량 생산은 언제나 대량 소비를 전제로 하니까요. 소비를 부추기는 데에 가장 큰 역할은 광고가 맡습니다. 광고를 자본주의의 꽃이라고 부르는 건 그래서입니다.

어떤 면도용 크림 광고는 면도용 크림을 완벽한 아

내와 연결 짓습니다. 바로 그 면도용 크림을 '소비'한다면 남자는 매력적으로 바뀔 뿐만 아니라 어쩌면 완벽한 아내를 만날지도 모른다는 광고 카피. 미혼 남성을 이 제품의 소비자로 정확히 규정하고 달콤한 스토리텔링으로 한껏 희망을 갖도록 부추깁니다. 광고에 세뇌된 미혼 남성은 N극, 수많은 물건을 헤치고 S극인 그 면도용 크림에게로 끌려갈 것만 같습니다. 이 광고를 봤을 때, 결국 물건을 사지 않고는 못 배기도록 하는 참 잘 만든 광고라고 생각했습니다. 그리고 이어 드는 생각은 '과연 우리가 이런 광고 전략에 말리지 않고 무사히 빠져나갈 수 있을까'였습니다. 매 순간 스스로에게 주문을 외지 않고는 쉽지 않은 일입니다. 자동차를 구매할 때 연비를 가장 중요하게 생각하고 경제적으로 부담이 덜 가는 모델을 선택했다가도 '품위 있는 드라이빙'이라는 카피와 함께 중형 세단이 등장하면 앞서 내린 합리적인 판단은 순식간에 물거품이 되기도 하지요.

온라인으로 물건을 구매하면 더욱 광고에 의존할 수밖에 없습니다. 그 물건을 써 봤다는 사람들의 후기 역시 광고의 다른 이름일 따름입니다. 물건 정보가 공평하고, 왜곡되지 않게 소비자에게 가 닿는 건지 사실 알 수 없는 노릇입니다. 다큐멘터리 〈거대한 해킹 The Great Hack 〉은 미국 대선에서 트럼프가 대통령으로 당선된 것, 영국이 브렉시트를 결정한 것 등이 모두 정보 가공과 무관하지 않다는 걸 보여 줍니다. 소비자의 소비 패턴을 분석하면 취향을 알게 되고 약한 고리를 찾을 수 있습니다. 그 점을 활용해서 기업이 지속적으로 광고를 보내고 정보를 쏟아내면 우리는 과연 소비의 소용돌이에서 빠져나올 재간이 있을까요?

필요해서 물건을 찾는 세상이 아니라 이런 게 있다고, 이것만 있다면 당신의 소원도 이뤄질 수 있다고 끊임없이 속삭이는 세상 그리고 욕망을 정확히 해결해 줄 것만 같은 광고를 통해 물건을 만나게 되는 세상, 두 팔 벌려 환영할 수 없는 불편한 이유는 많고도 많습니다. 가려진 진실을 마주할 용기는 그렇다면 어디서 나올 수 있을까요? 물건을 소비하기 이전에 꼭 필요한지 여부를 적어도 세 번은 생각해 봐야 하지 않을까 싶습니다. 정말 필요한 건지 내가 소비한 이후에 이 물건은 어떤 경로를 거쳐 어떻게 될 건지 그리고 마지막으로 '굳이' 사야 할 이유가 정말 있는지 따지는 습관은 우리 삶을 지속 가능한 영역으로 한층 가깝게 데려갈 것입니다. 선형 패러다임을 원형으로 바꾸려는 의지가 있다면 그게 곧 용기가 아닐까요? 면도용 크림이 정말 완벽한 아내를 만나게 해 줄까요?

몇 가지
물건을 소유해야
행복할까

플로리안 데이비드 핏츠 감독의 영화 〈100일 동안 100가지로 100퍼센트 행복찾기〉는 신선했습니다. 불이 꺼지고 스크린에 57, 200, 650 그리고 1만이라는 숫자가 등장합니다. 대체 뭘까? 관객의 호기심이 잔뜩 부풀어 오를 무렵 숫자의 의미가 공개됩니다. 증조부 시대부터 조부모와 부모를 거쳐 오늘 우리가 사용하는 물건의 가짓수였습니다. 사용하는 물건은 시대를 거치며 계속 늘어났습니다. 물건이 늘어났다는 건 편리함 혹은 풍족함이란 말로 달리 표현할 수도 있겠습니다. 그렇다면 물건의 개수와 인간의 행복은 비례할까요? 결론은 누구나 알고 있듯 아닙니다. 그럼에도 끊임없이 물건을 소유하고 싶은 욕망을 잠재우기 어려운 건 대체 왜 그리고 무엇 때문일까요?

정보 통신 기술이 발전하면서 이제는 기계와 인간이 대화하는 정도를 넘어서 감정 교류를 논하는 수준까지 진화했습니다. 어느덧 사람의 마음이 마음과 만나지 못하고 격리되는 그 틈에 물건이 비집고 들어와 버렸고, 세상은 사람이 물건과 만나 일방적인 욕망을 충족시키는 쪽으로 바뀌었습니다. 그 욕망의 숫자가 1만 개에 이른 시대를 지금 우리가 살고 있습니다.

스타트업 회사를 운영하는 폴과 토니는 어느 날 개발한 앱이 대박을 터뜨리면서 하루아침에 백만장자 반열에 오를 기회를 맞이합니다. 축하 파티를 열다 취중 내기를 하고 다음 날 알몸 상태로 잠에서 깹니다. 어젯밤 이 둘이 했던 내기는 완전 빈털터리 상태에서 하루에 하나씩 100일 동안 100가지 물건을 소유하는 것이었습니다. 아무것도 없는 상태에서 물건 하나를 골라야 할 때 우리는 어떤 물건을 가장 우선해서 갖고 싶을까요? 토니는 여자 친구를 만나러 가야 하는 바로 그때 눈병이 납니다. 해서 입고 있던 바지와 선글라스를 맞바꿉니다. 폭소를 터뜨리는 여자 친구에게 지금 자기에게 가장 유용한 건 바지가 아니라 선글라스라고 말합니다. 물건의 홍수 속에 사는 우리에게 토니의 이 선택은 삶의 무게를 가볍고 경쾌하게 바꿔 줍니다.

영화를 보면서 저 역시 어떤 물건을 가장 우선해서 고를까 생각해 봤습니다. 너무 많은 물건이 제각각 이래서 나를 골라야 한다는 듯 마구 떠올랐습니다. 그렇게 떠오른 물건이 정말 절실한가 한 번 더 스스로 질문해 보니 그렇진 않았습니다. 결국 한 가지도 제대로 고르지 못했지만 만약 실제 상황에 닥친다면 아마도 처한 상황에서 가장 절실한 어떤 걸 고르게 되겠지요.

"우린 전부 가진 세대예요. 먹고 싶을 때 먹고 행복하지 않을 이유가 없어요. 그런데 왜 우리의 행복은 오래 가지 않을까요?"

이 대사를 들으며 행복이란 무엇인지 스스로에게 질문을 던져 봤습니다. 잡히지 않는 추상적 행복, 그건 관념 속에서나 있을 것 같습니다. 갖고 싶은 물건을 가졌을 때도 행복을 느낍니다. 그렇다면 행복은 구체적인 물건일까요? 그렇지도 않은 것 같습니다. 행복이라는 단어에 함의된 잡히지 않는 그 무언가는 물질적이면서 동시에 정신적인 것 같습니다. 전부 가진 세대지만 행복이 오래가지 않는 까닭은 채워지지 않는 헛헛함 때문이 아닐까요? 물질적으로 풍요로워질수록 우리는 내면의 균형을 잃기 쉽습니다. 물질의 가치가 삶의 질을 평가하는 기준이 돼 버린 사회는 점점 물질적인 욕망을 추구하도록 부채질합니다. 상대와 끊임없이 비교하며 외양에 치중하도록 만들고 불안감을 추동합니다. 그래서 지속적으로 소유하도록, 아니 소비하도록 부추깁니다. 어차피 도달할 수 없는 목표를 계속 제시하기 때문에 아무리 소유해도 그 소유가 내 행복을 충족시켜 줄 수가 없습니다. 그러는 사이 내면과 물질 사이에 불균형이 생겨 어느 순간 헛헛함이 우리를 엄습합니다. 사람과 사람이 만나는 일은 양방향 소통으로 이뤄집니다. 이 소통에는 갈등이라는 요소가 따르기 마련입니다. 갈등에 봉착하고 갈등을 풀어 가는 과정은 꽤나 지난하지만 이 과정에서 사람에 대한 신뢰가 쌓이고 지혜가 더해져 내면이 채워집니다. 반면 물건은 일방향입니다, 언제나. 일시적일지언정 내가 원하는 행복을 얻고자 탄생한 게 물건이고, 그 목적이 물건을 소유하려는 게 아닐까요? 그러니 채우려 할수록 점점 헛헛해지는 내면을 직시하지 않고서야 물건의 소유를 멈출 수는 없을 것 같습니다.

인류 역사상 그 어느 때도 경험하지 못한 공급의 홍수 속에서 어떻게 이 많은 물건을 팔아야 할지를 고민하는 이 시대에 우리는 과연 소유가 '0'이라는 게 어떤 느낌일지 가늠이나 할 수 있을까요? 영화를 보는 중간에 내가 소유한 물건 가운데 하루에 하나씩 빼기를 해 보는 건 어떨까 하는 생각이 들었습니다. 과연 뺄 수 있을까 싶다가도 과감하게 빼기 시작하면 아마도 가속도가 붙어 얼마든 뺄 수 있겠다 싶기도 했습니다. 그러다 보면 끝까지 나와 함께할 수 있는 건 욕망에 이끌려 집어든 물건이 아니라 어떤 기억을 떠올려 줄 수 있는 어쩌면 보잘 것 없는 물건 몇 개일지도 모르겠다는 생각을 했습니다. 정말 어느 정도 물건이어야 우리 행복이 유지될는지, 증폭될는지 궁금합니다.

자연

소비

뭍에서
바다를
생각하다

제주 서귀포 앞바다에서 헤엄치는 돌고래 한 무리를 만났던 기억을 소환해 봅니다. 제돌이가 돌아간 바다라 찾아갔는데 한 시간여를 기다려도 볼 수가 없었습니다. 마음을 접고 막 일어서려는 찰나 멀지 않은 바다에서 무엇인가가 풀쩍 수면 위로 올라왔습니다. 그렇게 쌍안경 너머로 자유롭게 헤엄치는 남방큰돌고래를 생애 처음 만났습니다. 한 마리가 보이기 시작하더니 여기저기서 앞서거니 뒤서거니 여러 마리가 나타났습니다. 어떤 녀석은 물 위로 뛰어 올라 공중에서 두어 번 빙빙 돌다가 다이빙을 했습니다. 수족관이 아닌 바다에서 자유를 만끽하는 돌고래 떼를 보는데 알 수 없는 뭉클함이 진하게 느껴졌어요.

2011년 여름, 수족관에 갇힌 돌고래를 고향인 바다로 돌려보내 줘야 한다는 '돌고래 해방 운동'은 한 사람의 자발적인 1인 시위에서 시작됐습니다. 그의 돌고래 해방 운동은 이후 핫핑크돌핀스라는 해양 환경 단체를 설립하는 계기가 됐습니다. 핫핑크돌핀스는 건강한 해양 생태계를 보전하고 돌고래를 비롯해 위기에 처한 해양 생물을 보호하는 활동을 하는 동시에 이런 사실을 시민에게 알리는 캠페인도 지속적으로 펼치고 있습니다. 한국은 잔인한 포획으로 악명 높은 일본 다이지에서 돌고래를 두 번째로 많이 수입하는 나라입니다. 동물 학대를 최소화하자는 법안이 뉴질랜드, 이탈리아, 스위스 등 여러 나라에서 만들어지고 있지만 여전히 이 땅에서는 7개 수족관 시설에서 고래류 37마리가 사육되고 있습니다. 그물에 걸린 돌고래는 풀어 줘야 마땅한데 어둠의 경로로 팔려가 쇼를 위해 고통스런 훈련을 받는 돌고래가 있습니다. 출산 직후에도 제대로 쉬지 못하고 곧장 쇼에 투입되는 돌고래도 있습니다. 야생에서 40년을 사는 돌고래들이 한국의 수족관 시설에서는 고작 4년밖에 살지 못합니다. 굳이 알려고 들지 않으면 알 수 없고 불편한 진실을 외면하는 한 돌고래의 고통은 계속될 겁니다.

고통은 돌고래에서 그치지 않고 수많은 해양 동물로 이어집니다. 오키나와 듀공은 옛날부터 맛이 좋다는 이유로 왕에게 진상됐고, 이후 귀한 고기 맛을 보려고 무분별하게 포획한 탓에 이제는 거의 찾아보기 힘들어졌습니다. 비슷한 사례로 독도 강치 역시 가죽을 얻으려 무분별하게 남획한 결과 사라져 버렸습니다. 남획뿐만 아니라 바다로 흘러드는 독성 물질이 늘어나고 각종 개발, 군사 기지 건설 등으로 바다 환경이 악화되면서 해양 동물의 서식지는 점점 줄어들고 있습니다. 상황이 이렇다 보니 당연히 자연스런 어업은 점점 어려워지고 우리가 먹을 수산물을 양식하느라 바다는 수조로 바뀌고 있습니다. 해양 생태계가 위태로우면 결국 우리 삶도 위태로워집니다. 뿌린 대로 거둔다는 이치를 우리는 과연 알고나 있을까요?

우리는 참으로 복잡한 시대를 관통하며 살고 있습니다. 과학과 기술 발전으로 삶이 편리해진 건 사실이지만 그만큼 우리 삶이 무척이나 복잡하게 분절된 것도 사실입니다. 그러니 우리 삶이 여타 다른 생물의 삶에 어떤 영향을 끼치는지 알 수도 생각할 겨를도 없습니다. 그렇지만 부인할 수 없이 바다와 우리 삶은 서로 긴밀하게 연결돼 있습니다. 해수 온도 상승으로 따뜻한 물방울인 블롭Blob이 증가하면서 해양 생태계 먹이 체계에 문제가 생겼습니다. 몸집이 큰 한류성 어류의 신진대사가 왕성해지면서 먹이를 섭취하는 양이 늘어났고 그 때문에 바다오리를 비롯해 바다에 의지해 살아가는 다른 생물이 먹이 부족으로 굶어 죽는 일이 벌어지고 있습니다. 이미 베링해

협에서 댕기바다오리의 떼죽음도 목격됐던 바, 해수 온도가 상승하는 현 상황에서는 이렇게 생물이 떼죽음당해 해안가로 떠밀려 오는 현상이 더욱 극심해질 것으로 과학자들은 내다봅니다. 해양 생태계에 도미노처럼 벌어질 이 현상은 엘리뇨가 심했던 2015년과 2016년에도 극심했습니다. 특히나 해양은 인간이 활동하며 배출하는 열의 90퍼센트를 흡수하기 때문에 날로 상승하는 해수 온도로 해양 생태계는 전방위적으로 위협을 받을 것입니다.

뱃속이 쓰레기로 가득 찬 채 해안가로 떠밀려 온 고래 이야기는 더 이상 새로운 뉴스가 아닙니다. 새로운 뉴스가 아니기에 무시해도 될 뉴스도 아닙니다. 어쩌다 뭍에 사는 우리가 바다에 사는 생명들의 목줄까지 쥐고 흔들게 됐을까요? 어느 생명이든 귀하지 않은 생명은 없습니다. 그러기에 적어도 우리 삶이 어떤 식으로 주변 생명에게 영향을 끼치는지 정도는 알아야 하지 않을까요? 돌고래 집은 푸른 바다여야 하고 고래 뱃속은 쓰레기장이 돼서는 안 됩니다. 더 늦기 전에 우리는 겸허한 자세로 살아가며 여타 생명과 공존할 수 있는 방법을 모색해야 합니다. 거창한 슬로건이 필요한 건 아닙니다. 내가 일상에서 소비하는 사소한 행위 하나가 어떤 파장을 불러올지를 늘 생각하며 사는 삶, 이게 뭍에서 바다를 생각하는 삶이 아닐까 합니다.

플라스틱 컵으로
달나라까지
길을 놓자

19세기 말 워싱턴의 어느 술집에서 있었던 일입니다. 담배 공장 노동자였던 마빈 스톤은 어느 여름날 퇴근 후 들른 술집에서 위스키 잔에 손을 대면 술이 뜨듯해져 맛이 변하자 손을 대지 않고 마실 방법을 궁리했습니다. 속이 빈 밀짚이 떠올랐습니다. 빨대가 영어로 straw인 이유입니다. 그런데 밀짚으로 마시니 특유의 냄새 때문에 위스키 맛을 제대로 느낄 수 없다는 게 또 불만이었습니다. 마침 그가 다니던 담배 공장에서 담배를 말던 종이가 떠올랐습니다. 시간을 거슬러 올라가면 수메르인도 빨대 비슷한 도구를 썼다고 하나 현대 빨대의 발명은 대개 이때로 봅니다. 빨대는 시원하고 맛난 술을 마시고 싶은 욕구에서 비롯됐습니다. 어찌 보면 소박한 출발이었습니다. 빨대는 종이에서 플라스틱으로 진화를 거듭하면서 쓰임은 더욱 확장됐습니다. 컵을 들어 올리지 않고 움직이는 차 안에서도 단 한 방울 흘리지 않고도 얼마든지 음료를 마실 수 있으니 편리한 물건이 틀림없습니다. 그런데 한 번 더 생각해 보면 우리는 편리함 이면에 놓인 그림자를 간과했습니다. 빨대는 여러 번 사용하지 않습니다. 게다가 빨대는 언제나 공짜니 굳이 필요하지 않아도 챙기게 되고, 이는 자연스레 소비 급증으로 이어집니다.

우리가 쉽게 쓰고 버린 빨대는 지금쯤 어디에 있을까요? 콧구멍에 꽂힌 빨대 때문에 고통스러워하며 피를 흘리던 거북이가 떠오릅니다. 우리에게 편리를 가져다준 빨대가 어쩌다 다른 생명에게는 이런 천덕꾸러기가 됐을까요. 플라스틱은 물건에 대한 우리의 모든 요구물에 젖지 않게, 깨지지 않게, 무겁지 않게, 녹슬지 않게, 썩지 않게를 충족시켜 준 무척이나 매력적인 물질입니다. 매력에 중독돼 신나게 쓰다 보니 어느 순간 플라스틱은 썩지도 못하고 그대로 바다며 육지며 할 것 없이 쌓이게 됐습니다.

북태평양 한가운데에 위치한 미드웨이섬에는 알바트로스가 20만 마리 이상 살고 있습니다. 그런데 이 숫자를 계속 유지할 수 있을지 우려스럽습니다. 새끼 알바트로스가 떼로 죽는 일이 계속 벌어지고 있기 때문입니다. 죽은 새의 배를 가르니 페트병 뚜껑이며 플라스틱 라이터며 온갖 플라스틱 쓰레기가 그득했습니다. 바다 위에 둥둥 떠다니는 플라스틱 조각을 어미는 먹이로 착각해서 새끼에게 먹였고 새끼는 뱃속을 플라스틱으로 채우다 굶어 죽었습니다. 바다 밑 1만 미터가 넘는 마리아나해구에서는 생산된 지 30년이 넘은 비닐봉지가 발견됐습니다. 바다 위든 아래든 가리지 않고 플라스틱이 점령한 지는 이미 오래며, 이는 곧 쏟아져 나오는 쓰레기를 감당할 만한 여력이 지구에 더 이상 없다는 말입니다. 생명다양성재단과 영국 케임브리지대 동물학과가 공동 조사한 「한국 플라스틱 쓰레기가 해양 동물에 미치는 영향」 연구 보고서가 2019년 7월에 발표됐습니다. 이 보고서에 따르면 한국에서 배출한 플라스틱 쓰레기 때문에 해마다 바닷새 5,000마리와 바다 포유류 500마리가 죽는 것으로 나타났습니다. 전 세계 플라스틱 통계 자료가 있는 2010년을 기준으로 한국에서 배출한 연간 플라스틱 쓰레기 양을 추정해서 발표한 숫자입니다.

'배달의 민족'이 유행어가 될 만큼 배달 음식이 많아졌고 온라인 쇼핑이 활성화되면서 급격히 증가한 포장재와 플라스틱 쓰레기의 상관관계는 매우 높을 것입니다. 특히나 코로나19 이후로 배달 음식 주문은 더욱 늘어났습니다. 한 배달 업체의 하루 주문이 약 100만 건이며, 이 가운데 70퍼센트 이상이 음식 주문이라고 합니다. 음식 포장에 쓰이는 플라스틱 개수가 적으면 3개, 최대 20개입니다. 그렇다면 하루에 음식을 포장하는 플라스틱만 적어도 300만 개가 나온다는 추정이 가능합니다. 우리나라 사람들이 일 년 동안 쓰고 버린 페트병은 지구를 열 바퀴하고도 반이나 돌 정도의 양인 49억 개, 플라스틱 컵은 33억 개입니다. 이 정도 양이면 지구에서 달까지 가 닿을 정도라 합니다.

여전히 일회용을 비롯한 플라스틱 소비가 줄지 않는 이면에는 재활용에 대한 믿음이 있습니다. 그렇다면 플라스틱 재활용 비율은 얼마나 될까요? 전 세계 플라스틱 소비는 1950년 이래 65년 동안 200배가 넘게 증가했지만 세계 평균 재활용 비율은 고작 9.5퍼센트입니다. 우리나라에서 나오는 플라스틱 쓰레기는 연간 800만 톤이며 재활용 비율은 62퍼센트라고 하지만, 이는 발전소 등에서 연료로 태우는 것까지 합친 비율입니다. 다시 제품으로 활용되는 것만 따지면 22.7퍼센트로 떨어집니다. 유럽 연합 평균이 40퍼센트인 것에 비하면 한참 낮은 수준입니다. 게다가 재활용을 하면 할수록 품질은 떨어집니다. 그러니 재활용은 만능도 아니고 소비의 면죄부가 될 수도 없습니다.

그동안 잘사는 나라의 플라스틱 쓰레기를 받아 주며 세계의 쓰레기장을 자처했던 저개발 국가들이 보이콧하면서 유럽과 북미에서는 플라스틱 쓰레기를 줄이려 안간힘을 쓰고 있습니다. 일회용 플라스틱 컵뿐만 아니라 플라스틱 빨대마저 사용 금지하거나 친환경 재질로 대체하려는 분위기가 번지고 있습니다. 유럽 연합과 캐나다 등은 2021년부터 플라스틱 접시, 컵, 수저·포크·나이프류, 빨대, 면봉 막대 등 일회용 플라스틱 사용을 금지하는 법안을 통과시켰습니다. 슬로바키아도 2021년부터 일회용 플라스틱 제조 및 사용을 금지하기로 했습니다. 프랑스는 2020년부터 일회용 플라스틱 식기 사용을 전면 금지하기로 했고, 영국은 일회용 컵에 라떼 부담금을 매기는 등 플라스틱 쓰레기를 대대적으로 줄이겠다는 계획을 발표했습니다. 우리나라도 2030년까지 플라스틱 폐기물 50퍼센트 감축, 70퍼센트 재활용 목표, 일회용품 사용 64퍼센트 감축 등 일회용품 소비를 줄이기 위한 중장기 단계별 계획을 발표했습니다. 2021년부터 커피 전문점 등에서 종이컵 사용이 금지되고 매장 안에서 먹다 남은 음료를 일회용 컵으로 포장해 외부로 가져가는 이중 포장도 공짜로 제공하지 못합니다. 일회용 컵에 보증금을 붙여 음료를 마신 뒤 컵을 반납하면 보증금을 돌려주는 '컵 보증금 제도'도 살아날 예정입니다. 포장이나 배달 음식점에서 일회용 식기 제공도 2021년부터 금지하고 용기나 접시는 다회용기 또는 친환경 재질로 바꿔야 합니다.

　　미국 스타트업 회사인 베셀 웍스 Vessel Works 는 텀블러를 대여하고 수거 및 세척하는 시스템을 운영하고 있어요. 일회용 플라스틱 컵 대신 텀블러를 사용하는 일이 때론 개인에게 큰 부담이 되니, 쉽게 말해 공유 텀블러 시스템을 만든 거지요. 먼저 앱을 깔고 회원 가입을 해야 해요. 그런 다음 카페에서 음료를 주문할 때 텀블러를 같이 요청하면 됩니다. QR 코드를 찍어 텀블러를 대여하고 5일 이내에 반납하면 되는데 만약 이 기간을 어기면 15달러가 회원 가입 시 입력한 계좌에서 빠져나가요. 요새 서울 시내에서 흔히 볼 수 있는 공유 전동 스쿠터처럼 텀블러를 반납할 키오스크가 시내 곳곳에 있다면 어디서든 음료를 마시고 돌려주면 됩니다.

　　평소에 억새 젓가락과 나무 숟가락 하나를 수저 집에 넣어 가지고 다니면 불필요한 일회용품을 쓰지 않아도 되더라고요. 장을 볼 때 아무리 장바구니가 있어도 무게를 다는 채소를 사려면 죄다 비닐봉지를 사용할 수밖에 없어요. 집에서 입지 않는 티셔츠를 잘라 만든 주머니와 쓰고 난 양파 망 등을 장바구니에 넣어 두면 비닐봉지 사용을 줄일 수 있어요. 사은품은 꼭 필요한 게 아니라면 '힙하게' 거절해 보세요. 이처럼 개인의 소비 습관을 바꾸는 것도 중요하지만, 무엇보다 플라스틱 문제의 가장 큰 부분을 차지하는 시스템을 바꾸는 일이 시급합니다. 아무리 플라스틱 쓰레기를 만들고 싶지 않아도 제품 자체가 플라스틱에 담겨 있으면 달리 선택의 여지가 없거든요. 두부를 먹으려면 반드시 손바닥만 한 플라스틱 용기와 비닐 쓰레기가 나오잖아요. 주스를 한 잔 마시려 해도 플라스틱 용기가 하나 나오지요. 그러므로 생산 단계에서부터 나온 플라스틱을 온전히 순환시켜 재활용할 수 있는 시스템이 구축돼야 합니다.

온溫 맵시가
산호초를
살린다

어린 시절 겨울의 기억은 단연 빨간 내복입니다. 불을 끄고 내복을 벗으면 번쩍거리며 일던 정전기로 우리의 겨울밤은 즐겁기까지 했습니다. 좀 더 커서는 꽃무늬 내복도 있었지만 기억에 가장 강렬하게 남는 건 언제나 빨간 내복입니다. 동물이 겨울을 나고자 촘촘한 털로 털갈이를 하듯 찬바람이 불기 시작하면 어머니는 빨간 내복을 챙겨 주셨습니다. 생각해 보면 그 시절에는 단열이라는 말 자체가 없었던 듯합니다. 문틀과 벽 사이에는 바깥이 훤히 보일 정도로 틈이 있었어요. 그러니 실내는 바닥만 뜨끈했지 웃풍이 휙휙 불었습니다. 겨울을 대비하는 방법이라고는 창문 바깥을 비닐로 막고 커튼을 치고 문풍지를 바르는 게 전부였습니다. 내복을 입고 털실로 짠 스웨터를 껴입고도 이불을 뒤집어쓴 채 시린 손을 호호 불어야 했습니다. 추운 계절에 몸을 맞추던 시절이었습니다.

요즘은 반대로 주변 환경을 우리 몸에 맞춥니다. 추우면 옷을 껴입는 게 아니라 실내 공기를 덥힐 생각부터 합니다. 중앙난방 아파트에 살 때는 집에 사람이 없어도 난방이 돌아갔습니다. 식구들은 귀가하면 덥고 답답하다며 한겨울에도 창문을 열어젖히곤 했습니다. 그러니 겨울

내내 내복은커녕 반팔 차림으로 지냈습니다. 겨울을 겨울답게 지내지 못하는 일이 못내 마음에 걸렸는데 개별난방 아파트로 이사하고 나서 드디어 내복을 입기 시작했습니다. 겨울철 우리 집 실내 온도는 언제나 20도에 맞춰져 있습니다. 유난히 추위를 많이 타는 저는 처음 집안 온도를 20도에 맞추기로 결심했을 때 한편으로 좀 염려스러웠습니다. 찬바람이 불기 시작하자 가족들 내복을 준비했습니다. 작은아이는 답답해서 이걸 대체 어떻게 입느냐 투덜거렸고 큰아이는 의외로 "이거 온溫 맵시야" 하며 반가워했습니다. "따뜻한 옷차림으로 난방비와 온실가스를 줄이는 겨울 맵시를 온 맵시라 부른다"는 설명도 덧붙였습니다. 저는 늦가을부터는 집에서도 늘 스카프를 둘렀습니다. 목은 몸을 보온하는 관문이니까요. 집 안이 썰렁해도 20도에 맞춘 보일러가 돌아가지 않으면 조끼나 스웨터를 껴입고 두툼한 양말을 신었습니다. 적당히 서늘한 공기는 기분을 상쾌하게 했습니다. 이따금 연탄을 피우던 방처럼 뜨듯한 아랫목이 그리우면 2리터 주스 병그냥 페트병 말고 바닥이 움푹 들어간 병에 뜨거운 물을 부어 수건으로 둘둘 말아 끼고 있으면 더는 아랫목 생각이 나지 않았습니다.

기왕에 기술이 발전한 시대에 살면서 너무 유난을 떠는 것이 아니냐는 힐난을 가족에게서 들을 때면 솔직히 갈등이 일기도 합니다. 이런 갈등이 한창 일던 어느 날 저는 다큐멘터리 한 편을 보고 흔들리던 마음을 다잡았습니다. 〈산호초를 따라서 Chasing Coral〉는 어쩌면 평생 구경 한 번 하지 못할 수도 있던 산호초 세상으로 저를 안내했습니다. 호주 동북쪽으로 길게 자리 잡은 대보초 Great Barrier Reef 는 별세계였습니다. 산호초가 아름다운 건 그곳에 다양한 조류 algae 가 살기 때문입니다. 산호초는 조류가 산호와 공생하면서 형성된 아름다운 생태계입니다. 그런데 아름다운 산호초는 이내 허옇게 탈색된 채 물고기 한 마리 얼씬하지 않는 폐허로 바뀌었습니다. 마치 컬러 사진이 흑백 사진으로 바뀐 것만 같았어요. 조류가 산호에서 빠져나가 알록달록하던 산호초가 허옇게 변하는 걸 백화 현상이라 합니다. 조류가 산호에서 빠져나간 이유는 몇 가지가 있는데요. 산호초는 주로 연안에 위치하다 보니 육지에서 내보낸 오염 물질에 매우 취약합니다. 그러나 백화 현상은 자연 상태에서도 발생하며, 가장 큰 원인은 해수 온도 상승입니다. 엘니뇨로 기온이 상승하면 해수 온도도 올라가 산호에 살던 조류가 빠져나가 산호초가 허

예집니다. 그러다 다시 해수 온도가 내려가면 조류가 하나둘 늘어나면서 산호초는 본래 모습으로 돌아옵니다. 자연에서는 이런 상황이 반복되고요. 그런데 최근 들어서는 백화 현상 발생 주기가 너무 빨라졌습니다. 미국 국립해양대기청 NOAA 과 여러 과학자로 구성된 연구팀이 과학 저널 사이언스 Science 에 보고한 연구 결과를 보면 전 세계 산호초 지역에서 백화 현상 발생 주기가 5배가량 빨라졌습니다. 1980년대 초까지 25~30년마다 발생했던 심각한 백화 현상이 2010년 이후 6년마다 발생했으니까요. 산호초는 전 세계 해양 생물 가운데 1/4의 고향일 정도로 생물 다양성이 풍부합니다. 대부분의 어린 물고기에게 산호초는 고향인 셈입니다. 물고기뿐만 아니라 전 세계 5억 명 이상 사람들이 산호초에 의존해 살아갑니다. 아름다운 외양만큼이나 산호초는 바다 생태계에서 무척 중요한 곳입니다.

스쿠버이며 산호초 연구가이기도 한 잭커리 라고와 그의 동료들은 이 문제를 대중에게 알리고자 바다 속에 카메라를 설치해 타임 랩스 촬영을 했습니다. 두 달 동안 찍은 산호초 모습은 가히 충격이었습니다. 고작 두 달밖에 안 되는 시간 동안 빠르게 죽어 가는 산호 모습이 카메라에 그대로 기록돼 있었습니다.

인간이 내보낸 열의 90퍼센트를 바다가 흡수합니다. 1초에 원자 폭탄 5개가 터지는 것과 비슷한 에너지를 우리가 날마다 배출하고 있습니다. 온도를 색으로 표현한 그래픽이 다큐멘터리 화면에 나타났습니다. 붉은색일수록 온도가 높은데 전 세계 바다가 시뻘겠습니다. 기후 변화를 늦추거나 막으려고 탄소 배출을 줄이자는 말을 많이 합니다. 한겨울에 반팔을 입고서 그런 말을 합니다. 한여름에 한기가 느껴질 정도로 온도가 낮은 건물 안에서, 지하철 안에서 그런 말을 합니다. 탄소 배출은 절대 말로 줄일 수 없습니다. 배출되는 탄소는 우리 삶 아주 깊숙이 그리고 아주 속속들이 연결돼 있기 때문입니다. 내복만 입어도 산호초를 살리는 일에 보탬이 됩니다. 저 먼 바다 속 산호와 내 삶을 연결 짓는다는 건 대단한 모험처럼 느껴졌는데 알고 보니 너무나 가까이 연결돼 있네요.

빙하 장례식

알프스하면 몽블랑 혹은 몬테 비앙코라 불리는 최고봉의 이미지가 먼저 떠오릅니다. 블랑Blanc 이나 비앙코 Bianco 는 모두 희다는 뜻입니다. 준봉이 만년설을 이고 있어 이런 이름이 붙었습니다. 봉우리를 덮은 흰 눈과 스키어들의 활강이 연상되기도 합니다. 그런데 이제 알프스의 이런 이미지가 박제화될 날도 머지않은 것 같습니다. 이글루가 연상되는 알래스카에서 30도가 넘는 폭염으로 사람들이 해수욕을 즐기는 장면이 외신을 타고 전해졌습니다. 2019년 여름에 그린란드에서 썰매 끄는 개들이 빙판이 아닌 물 위를 달리는 사진이 보도되기도 했습니다. 2019년 여름 동안 그린란드에서 4,000억 톤의 빙하가 녹거나 떨어져 나간 걸로 과학자들은 추정합니다. 1984년과 2019년에 북극을 촬영한 위성 사진을 비교해 보면 30여 년 사이에 북극 빙하가 얼마나 많이 녹아내렸는지 알수 있습니다. 빙하가 절반 이상이 사라졌으니까요. 몇 년 내로 북극 빙하가 하나도 남지 않고 사라지는 여름을 맞이할 수도 있겠다는 뉴스에 어떤 기업인이 물류비용을 줄일 수 있는 절호의 기회라며 반색하던 일이 생각납니다. 눈앞의 이익만 생각하면 물류비용이 줄어드는 일은 절호의 기회일 수 있습니다. 그런데 어쩌면 물류비용으로 얼은 이익의 몇 배를 거대 태풍으로 다 잃어버릴 수도 있습니다. 빙하 유무와 우리 기후는 아주 밀접한 관련이 있으니까요.

2019년 9월 스위스 북동부 알프스 산맥에 솟은 여러 산 가운데 하나인 피졸산 정상 자락에 어린이를 포함한 지역 주민, 빙하학자, 종교인, 환경 운동가 등 250여 명이 모여서 피졸 빙하 장례식을 치렀습니다. 장례식장에 영정 사진은 없었습니다. 장례식 참석자들은 돌무더기 위에 꽃을 놓았습니다. 사인은 지구 온난화. 피졸 빙하는 2006년 이후 13년 시간이 흐르는 동안 전체 얼음의 80~90퍼센트가 녹아 사라져 2019년 기준으로 남은 면적은 축구장 4개에도 미치지 못했습니다. 그러니 장례식이 사실상 사망 선고인 셈입니다.

생물도 아닌 빙하에 장례식이라니 의아하게 여겨질 수도 있습니다. 이 빙하 장례식을 이해하려면 먼저 빙하란 무엇인지부터 알아야 합니다. 빙하란 무엇일까요? 얼음덩어리? 아니, 단순한 얼음덩어리 이상입니다. 빙하와 해류는 지구 기후를 좌우하는 중요한 요인입니다. 육상 빙하는 강의 시원이자 주변 지역의 상수원입니다. 빙하가 급속히 사라진다면 강은 메말라 갈 것이고, 그 일대는 물 부족을 겪을 수밖에 없습니다. 히말라야 빙하는 대표적인 육상 빙하입니다. 학술지 사이언스 어드밴시스 Science Advances 에 발표된 논문에 따르면 2000년 이후 히말라야산맥의 평균 얼음 손실률이 그 이전에 비해 대략 두 배나 됩니다. 1975~2000년까지 연평균 22센티미터 줄어들던 얼음이 2000~2016년 사이에 43센티미터나 줄어든 것으로 조사됐거든요. 히말라야 빙하 주위로는 중국, 인도, 파키스탄 등 남아시아에서 인구 밀도가 높은 나라들이 포진해 있어요. 영국 일간지 가디언 Guardian 에 따르면 빙하 손실로 적어도 10억 명 이상 사람들이 물 공급에 영향을 받을 것이라 합니다. 북극권에 있는 해상 빙하는 지구로 쏟아져 들어오는 태양 빛을 반사하는 역할을 합니다. 그런 빙하가 절반으로 줄어들면서 드러나는 바다는 열을 흡수합니다. 반사 부분은 자꾸 줄어들고 열을 흡수하는 면적은 점점 늘어납니다. 그러니 빙하가 녹는 속도는 더 빨라지고 되먹임 현상 positive feedback 도 가속화되면서 북극 빙하의 나머지 절반은 절반이 녹는 데에 걸린 30년과는 비교할 수 없이 빨리 녹을 것으로 기후학자들은 내다보고 있습니다. 피졸 빙하를 비롯해 알프스 빙하 소실은 생각보다 심각합니다. 제2차 산업 혁명이 시작되던 1850년 이후로 스위스에서만 500개가 넘는 빙하가 완전히 사라졌습니다. 사라진 빙하 중에는 규모가 커서 이름이 붙었던 빙하도 50개 포함됐습니다. 그동안 빙하 주변 지역 사람들은 톱니바퀴가 맞물리듯 그 환경에 맞춰 삶을 일궈 왔습니다. 그렇기에 빙하가 사라진다는 건 곧 적응해 온 삶의 근간이 흔들린다는 뜻입니다. 녹아 사라지고 있는 건 땅속 얼음도 마찬가지입니다. 영구 동토층이 빠르게 녹으면서 나오는 메탄가스 때문에 지구 온난화가 가속화될 거라 과학자들은 경고합니다. 영구 동토란 지표 밑의 온도가 2년 이상 연이어 0℃ 이하인 토양을 일컫습니다. 북반구 지표면의 약 24퍼센트가 영구 동토층입니다. 특히 시베리아 북부의 영구 동토층에는 마지막 빙하기에 묻힌 수많은 동식물이 갇혀 있습니다. 이런 동토층이 녹으면서 묻혀 있던 동식물의 사체가 썩어 메탄이 방출되고 있습니다. 지금으로서는 얼마나 많은 메탄이 방출됐는지도, 앞으로 얼마나 많은 메탄이 방출될지도 모릅니다. 메탄은 이산화탄소보다 적어도 20배 이상 온실 효과가 높은 기체입니다. 한 과학자는 영구 동토층이 녹는 걸

두고 냉동고 문이 열렸다고 표현했습니다. 냉동고 문이 열리면 그 안에 들어 있는 내용물이 녹는 건 시간문제이기 때문입니다. 과학자들은 영구 동토층에 갇혀 있던 바이러스들이 녹아 나오면서 전염병이 다시 창궐할 수도 있다고 경고합니다. 알래스카에서는 영구 동토층이 녹으면서 생긴 싱크홀 때문에 주택이 기울어지는 일도 벌어지고 있습니다. 2020년 6월 동토층 해빙으로 지반이 붕괴되면서 시베리아 노릴스크의 열병합발전소 기름 탱크에서 2만 톤이 넘는 경유가 쏟아져 나왔고 이 가운데 1만 톤이 넘는 경유가 강으로 유출되는 사고가 벌어졌습니다. 러시아 최악의 환경 재앙이라는 수식어가 붙을 정도의 사고였어요. 영구 동토층 해빙은 그 위에 건설된 도시 인프라 전체에 위협이 되고 있습니다.

빙하 장례식이 인류 장례식의 서곡이 돼서는 안 됩니다. 정부와 기업이 과감히 탈탄소 정책을 펼 수 있도록 시민들이 나서서 요구해야 합니다. 우리가 살아가는 방식도 과감히 전환해야 합니다. 그러려면 무엇보다 생활 속에서 탄소 중독 소비에서 벗어나는 일부터 실천해야 하지 않을까요?

조금 모자라게,
더욱 지혜롭게

유난히 추웠던 터라 목도리를 칭칭 감고 장갑까지 낀 채 들른 마트에는 빨갛고 싱싱한 딸기가 박스로 쌓여 있었습니다. 영하의 날씨에 초여름 과일인 딸기를 만나니 신기하기도 하고 맛도 궁금해서 한 박스 샀습니다. 그날 저녁 식사 뒤에 식구 모두 딸기를 맛있게 먹었습니다. 제철에 먹던 딸기보다 당도도 높았습니다. "옛말은 순 엉터리네. 겨울에도 이렇게 딸기를 먹을 수 있는 걸" "겨울이어서 해충이 없으니까 농약은 덜 뿌리지 않을까?" 딸기를 앞에 놓고 식구들은 가볍게 이야기를 주거니 받거니 했습니다. 그러다 작은아이가 "이렇게 추운데 딸기를 어디서 키워?"하고 질문했습니다. 별 생각 없이 딸기를 먹던 식구들은 어떻게 딸기를 키웠을지 처음으로 생각해 봤습니다.

자연의 이치대로라면 겨울은 본래 먹을 게 부족할 수밖에 없는 계절입니다. 나무도 잎을 떨구고 긴 휴지기에 듭니다. 어떤 동물은 먹을거리가 풍성한 가을에 잔뜩 먹고는 겨우내 긴 겨울잠에 들기도 합니다. 아무리 생각해도 참 지혜로운 방법 같습니다. 사람은 몸 구조가 다르니 겨울잠에 드는 일까지는 어렵더라도 자연의 이치에 최대한 부응하는 게 지구에 부담을 덜 주는 삶이 아닐까요?

그러나 철모르는 우리는 채소며 과일까지 철이 없게 만들고 있습니다. 작물의 수확 시기를 앞당기는 촉성 재배로 겨울에도 푸릇한 채소를 수확하고 계절을 당겨 가며 과일을 키워 냅니다.

겨울 딸기가 불편한 까닭은 그저 자연의 이치를 거스르기 때문만은 아닙니다. 추운 계절에 과일을 키워야 하니 자연 환경이 아닌 비닐하우스 같은 별도 공간이 필요합니다. 비닐하우스의 실내 온도를 따뜻하게 유지하려면 에너지를 쉼 없이 공급해야 합니다. 참고로 감귤을 노지 재배했을 때보다 하우스 재배했을 때 온실가스는 무려 40배 이상 증가합니다. 포도는 12배, 오이는 6배입니다. 그러니 우리가 먹는 과일이고 채소는 햇빛 에너지로 길러진 온전한 먹을거리가 아닌 화석 연료와 다르지 않습니다. 뿐만 아니라 비닐하우스는 땅을 황폐화시키는 데에도 한몫합니다. 다녀 보면 전국 들판은 거의 비닐하우스가 점령하다시피 했습니다. 비닐하우스가 온통 땅을 뒤덮으니 땅에 햇빛이 제대로 닿지 못하고, 비가 제대로 스미지 못합니다. 땅속에 살면서 흙을 건강하게 하는 무수한 토양 미생물은 어떻게 살아갈까요? 하나 더, 하우스 비닐은 기껏해야 몇 년이 지나면 더는 사용할 수 없는 폐비닐이 되니 그 양이 엄청납니다. 농촌에는 주로 노인들만 살다 보니 폐비닐을 수집 장소로 가져가는 게 힘에 부쳐 불법으로 태우거나 땅에 묻는 일이 많습니다. 불법 소각은 미세 먼지 발생원에 포함될 정도로 환경에 심각한 영향을 미칩니다. 여기까지 생각이 미치니 우리는 딸기가 아니라 에너지를 먹고 폐비닐을 남기는 꼴이었습니다.

꼭 사시사철 싱싱한 채소와 과일을 먹어야만 할까요? 정월 대보름날에 먹던 묵나물을 떠올려 봅니다. 우리에게는 채소가 풍부한 계절에 갈무리해 뒀다가 궁핍한 계절에 꺼내 먹으면서 겨울을 지내던 지혜가 있습니다. 볕에 말린 묵나물은 비타민 D도 풍부합니다. 겨울 한철만이라도 묵은 나물 챙겨 먹으며 조금은 화석 연료와 멀어질 방법을 찾아야 하지 않을까요?

도토리
하나에 달린
수많은 생명

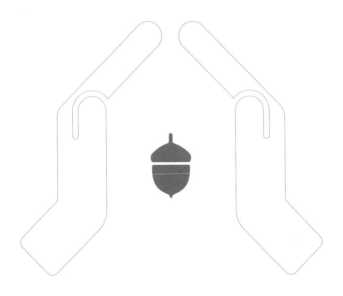

몇 년 전, 서울의 어느 공원 숲 방사장에 살던 꽃사슴 한 마리가 목뼈가 부러지며 쇼크사했습니다. 방사장 가까이 와서 도토리를 줍던 시민을 보고 놀라 황급히 달아나려다 펜스에 부딪히며 사고를 당한 것으로 전해졌습니다. 너무나 애통한 일입니다. 그 시민은 도토리로 뭘 하려 했던 걸까요? 목숨과 맞바꿀 만큼 귀한 데에 쓰려 했을까요? 저희 동네 뒷산 초입에는 '도토리 채취 금지'라고 적힌 현수막이 붙어 있습니다. 야생 동물이 먹어야 하니 도토리를 줍지 말라는 설명이 그 아래 짤막하게 적혀 있습니다. 그 현수막 바로 옆에서 아주머니 한 분이 열심히 도토리를 줍고 있었습니다. 현수막 글귀를 못 봤을 수도 있겠다 싶어 일러줄까 하다 가던 걸음을 내쳐 걸었습니다. 그런 말이 통할 정도였다면 애당초 도토리를 줍지 않았을 테니까요. 둘레길을 걷다 보면 밤송이를 억지로 벌려 아직 다 여물지도 않은 엷은 갈색 밤이 아무렇게 버려진 모습도 심심찮게 봅니다. 야생 동물은 열매가 익었다는 걸 정확히 압니다. 그러니 덜 익은 밤송이를 털었다는 건 딱 봐도 사람 소행이겠지요.

가을 숲은 여문 도토리가 숲 바닥으로 투두둑 떨어

지는 소리로 시끌벅적합니다. 숲 바닥에 떨어진 도토리가 눈에 띄는 족족 주워서 멀리 사람 발길이 닿지 않을 숲 안쪽을 향해 힘껏 던집니다. 제발 사람 눈에 띄지 않길, 겨우내 춥고 힘들 야생 동물 배를 채워 주길 바라면서요. 도토리는 작고 귀여워 바닥에 떨어져 있으면 줍고 싶은 마음이 들 때도 있습니다. 그런데 막상 한두 개 주워 온 도토리는 문명의 이기 속에 잘 섞이지 못하고 어딘가 겉돌며 말라 가다가 결국 쓰레기통에 처박힙니다. 제 경험입니다. 저처럼 예뻐서 한두 개 주워 간 사람이 열 명이라면 적어도 스무 개 남짓 됩니다. 만약 백 명이라면, 아니 천 명이라면, 왕창 주워 간 사람까지 생각하면 숲에서 우리가 가져간 도토리는 가늠할 수 없을 만큼 많아집니다. 그리고 가져간 만큼 숲에 사는 동물들은 배를 곯지 않을까요?

도토리를 좋아하는 동물은 다람쥐만이 아닙니다. 어느 해 가을날 뒷산을 거닐다가 바닥으로 내려와 분주하던 어치를 본 적이 있어요. 발걸음을 멈추고 살펴보니 입 안 가득 문 도토리를 수북한 낙엽 밑에 숨기고 있었습니다. 숲 바닥에 숨겨 두고 겨우내 꺼내 먹을 계획일 텐데

간혹 잊어버리고 못 찾아 먹기도 합니다. 바닥에 떨어진 도토리가 저절로 싹을 틔우고 참나무가 될 확률은 낮습니다. 땅속에 적당히 묻혀야 제대로 뿌리를 내리고 싹을 틔울 수 있기 때문입니다. 어치가 바닥에 숨겨 놓은 도토리는 '적당히' 묻히게 됩니다. 그런 도토리는 적당한 깊이에서 제대로 뿌리 내리고 교목으로 자랄 확률이 높아집니다. 숲이 울창한 데에는 어치 공이 적지 않습니다.

몇 년 전에는 서울 광화문 네거리까지 멧돼지가 내려왔다가 사살된 적이 있습니다. 산에 인접한 도시 아파트나 농가에는 이따금 멧돼지며 고라니가 내려옵니다. 특히 농가에 내려와 밭을 헤집어 놓아 골칫거리가 되자 해결책으로 사냥이 합법화됐습니다. 아프리카돼지열병이 돌자 멧돼지 씨를 말리고자 사살하는 일도 있었지요. 이런 일이 반복된다면 겨울철에 농가까지 멧돼지가 내려왔다는 이야기도 호랑이 이야기처럼 옛 이야기가 될지 모르겠습니다. 멧돼지처럼 덩치가 큰 야생 동물이 나타나면 사람들은 그 연유를 찾기도 전에 자신의 안전을 염려해 동물을 제거하기에 바쁩니다. 사람의 안전이 중요하지 않다는 게 아니라 대체 왜 야생 동물이 농가, 심지어는 사람들로 북적이는 번화가까지 내려왔는지 그걸 먼저 생각해 봐야 하지 않을까요? 야생에 사는 동물은 모두가 사람을 경계합니다. 그럼에도 사람 사는 동네까지 내려온다는 건 숲속 곳간이 텅 비었기 때문일 겁니다. 야생 동물이 주로 내려오는 계절이 먹이가 궁한 겨울인 걸 보면 그 처지가 그냥 헤아려집니다.

겨울은 숲에 사는 동물에게 커다란 장벽과도 같은 시간입니다. 길게는 반년 가까이 앞을 떡하니 가로막고 서서 야생의 삶을 가장 크게 통제하는 이 계절을 잘 벗어나야 야생 동물은 성체로 자라 번식하며 세대를 이어 갈 수 있습니다. 그렇기에 야생 동물에게 가을은 더없이 귀한 시간입니다. 혹독한 겨울에 대비해 식량을 비축하는 시기이기 때문이지요. 그러니 가을 숲에 있는 도토리를 비롯한 자연의 먹을거리는 이들에게 생명 줄이나 다름없는 절실함입니다. 다행히 요즘은 야생 동물의 몫에 손을 대지 않고 궁핍한 시기 야생 동물에게 먹이 주는 일에 앞장서는 이들도 있습니다. 진정한 멋쟁이라 생각하며 힘껏 박수 쳐 주고 싶습니다. 이런 사람들의 아이디어 가운데 하나가 바로 '도토리 저금통'입니다. 재미는 도토리를 주

우며 느낀 걸로 충분하니 산에서 내려오는 길에 주운 도
토리는 다시 숲으로 돌려주자는 취지입니다. 도토리 저금
통의 의미를 알고 나면 주머니를 털리는 일이 즐겁기까지
합니다. 이처럼 야생 동물이 난관을 뚫고 봄볕 따사로운
시간을 맞이할 수 있도록 돕는 방법을 우리는 이미 알고
있습니다.

동물원은
동물원일 뿐이다

2013년 서울대공원에서 사육사가 호랑이 로스토프에게 물려 죽는 끔찍한 사고가 발생했습니다. 당시 일각에서는 로스토프를 어서 사살해야 한다고 했습니다. 대공원 측은 고민에 빠졌습니다. 로스토프는 푸틴 러시아 대통령이 선물한 '외교 호랑이'였기 때문입니다. 결국 대공원 측은 로스토프를 따로 격리하고 공개하지 않는 것으로 결정했습니다. 2018년에는 동물원 사육장에서 8세 퓨마 뽀롱이가 탈출했습니다. 사육사가 우리 문 잠그는 걸 깜빡하는 바람에 일어난 일이었습니다. 뽀롱이는 동물원 내 야산에 있다가 발견돼 마취 총에 맞았으나 그대로 달아났고 결국 사살됐습니다. 탈출한 지 네 시간 반 만에 벌어진 일이었습니다.

동물원에 있는 동물이 사람을 공격하면 대개 사살되거나 격리됩니다. 이런 사건을 접할 때마다 저는 인간이야말로 무섭고 이기적인 동물이라고 생각합니다. 야생에서 살아야 할 동물을 우리 안에 가둔 것도, 동물원 시설을 관리하는 것도, 인공 공간에서 동물이 받을 스트레스를 깊이 살피지 않은 것도 모두 우리인데 범죄자 취급을 받는 건 언제나 동물입니다. 동물이 사육사나 다른 사람을 공격하는 행위를 옹호하려는 게 아닙니다. 애초에 이런 비극이 일어나는 건 동물원이 있기 때문이고, 동물원은 인간 중심적인 발상에서 생긴 공간이라는 겁니다. 18세기 중반, 일반에 공개된 첫 번째 동물원인 오스트리아 쇤부른 동물원은 강력한 왕권을 드러내는 공간이었습니다. 19세기 초반부터는 동물원에 대한 인식에 변화가 일었습니다. 영국 리젠트파크에 있는 런던동물원을 시작으로 동물 입장을 생각하는 동물원도 생기기 시작했습니다. 그러나 여전히 동물원은 동물원입니다.

이런 사고가 발생하면 동물원 존속, 폐지 논란이 들끓습니다. 존속해야 한다는 쪽에서는 동물원이 생태 지식을 습득하고 멸종 위기에 처한 동물을 보호, 관리하는 공간이기에 필요하다고 주장합니다. 최근에는 동물원 환경을 최대한 종 서식 환경과 비슷하게 조성하려는 노력도 엿보이기는 합니다. 그러나 대부분 동물은 열악한 환경에서 버티듯 살아가는 게 현실입니다. 아무리 서식 환경과 비슷하게 조성하려 해도 그건 비슷할 뿐 자연스런 환경은 아닙니다. 2018년 폭염 때 동물원의 동물은 더욱 극심한 고통에 시달렸습니다. 에버랜드에 있는 북극곰 통키는 고향이 북극입니다. 북극곰이 사는 북극은 바다이며, 연평균 기온이 영하 40도쯤 됩니다. 그러나 2018년 폭염에 통키는 영상 40도 가까이 오르고 철저히 가려진 우리 속에서 외부와 단절된 채 지냈습니다. 당시 우리에 있는 커다란 수조는 텅 비어 있었습니다. 수영을 해야 하는 습성 때문이기도 하고 더위를 식히기 위해서라도 수조에는 물이 있어야 했는데도 말입니다. 에버랜드 측은 수조 물을 다 채우려면 8시간도 넘게 걸린다고 하는데, 이게 과연 시간 문제일까요?

동물은 갇힌 곳에서 어떤 생각을 하며 지낼까요? 동물이 무슨 생각을 하냐고요? 왜 생각을 할 수 없다고 생각하나요? 야생에 살던 동물을 동물원이라는 지극히 제한적이고 별반 자극이랄 것도 없는 밋밋한 공간에 가둬 놓고, 끊임없이 사람들에게 노출시키면 정상적인 생활이 불가합니다. 그런 환경에서는 틀에 박힌 행동을 반복하는 정형 행동이 생겨날 수밖에 없지요. 머리를 반복적으로 흔들거나 벽에다 박거나 같은 공간을 계속 오가는 행동을 보이면 동물이 받는 스트레스가 상당하다는 것으로 해석해야 하지 않을까요? 그렇지만 동물원을 방문하는 사람들은 대체로 동물을 주의 깊게 관찰하기보다는 그 앞에 잠시 서서 본 뒤 지나치기 때문에 이런 행동이 이상하다고 눈치 채기는 쉽지 않습니다. 이런 문제를 해결하고자 동물원 측에서 행동 풍부화 프로그램을 적용해 보기도 하지만 야생 환경을 대신할 수는 없습니다.

디디에 데냉크스가 쓴 소설 『파리의 식인종』에는 1931년 파리에서 열린 식민지 박람회에서 마치 동물원의 동물처럼 우리에 갇혀 전시된 남태평양 누벨칼레도니 원주민들 이야기가 나옵니다.

"빵이라든가 바나나, 땅콩, 캐러멜 따위를 던져주곤 했다. 심지어 돌멩이를 던지는 사람도 있었다. 그런 사람들 앞에서 우리네 여자들은 춤을 추고 남자들은 리듬에 맞춰 통나무를 파야 했다. 또한 오 분마다 우리 가운데 한 명이 구경꾼들 가까이 다가가서는, 그들을 놀래주려고 이빨을 모조리 드러낸 채 사나운 짐승처럼 비명을 질러야 했다. 우리는 단 일 분도 쉴 새가 없었다. 우리의 식사까지도 볼거리의 일부였다."

그곳에서 살아 돌아온 고세네의 분노에서 원주민들이 느꼈을 수치심이 고스란히 전해집니다. 그런 수치심은 비단 인간만 느끼지 않을 것입니다. 누벨칼레도니 원주민의 분노는 전할 수나 있었습니다. 동물원에 갇힌 동물들은 그들의 수치심을 분노를 전할 길이 없습니다. 표출할 수 없다고 느끼지 못할 거라 단정 지을 근거는 없습니다. 동물이건 사람이건 자기에게 맞는 환경에 있을 때 가장 자연스럽고, 그런 환경에서 살아갈 권리가 있습니다. 그러기에 사고나 특별한 이유로 도저히 자연에서 살 수 없어 보호해야 하거나 관리가 필요한 동물을 제외하고는 우리에 갇혀 자유를 구속당하는 동물이 더는 없어야 합니다. 자유를 속박당한 동물을 유희의 대상으로 생각하고 찾아가며 동물원을 소비하는 사람이 없다면 그럼에도 동물원이 존재할까요?

투명한 비극

빌딩 외장이 유리 재질로 바뀐 지는 꽤 됩니다. 이렇게 하면 건물 내부에서 너른 시야를 확보하기에 좋습니다. 도시에 있는 투명한 건물은 푸른 하늘을 반영하고, 숲 가까이에 있는 투명한 건물은 울창한 숲을 그대로 반영합니다. 삭막한 빌딩숲은 이런 반영으로 때로 아름다워 보이기까지 합니다. 어쩌면 그런 효과까지 염두에 둔 건축 기술일지도 모르겠네요. 그런데 이 아름다움이 새를 죽음으로 이끈다면 어떨까요?

과거에는 도로 방음벽이 그 너머를 볼 수 없는 금속 재질이었던 것 같은데 어느 순간부터 뒤쪽이 훤히 보이는 투명 방음벽으로 바뀌었습니다. 주택지가 점점 도로 가까이 들어서면서 거주민들이 조망권을 요구했기 때문입니다. 조망권, 중요합니다. 풍경을 보며 살 권리를 침해받아서는 안 됩니다. 그런데 일방적인 권리는 누군가에게는 폭력일 수 있습니다. 내 권리는 보호받으면서 무수한 생명의 생존권을 침해한다면 그건 공정하지 않습니다. 몰라서 조망권만 주장했다면 이젠 알아야 합니다. 이 땅에서 유리창에 부딪혀 하루에 2만 마리, 일 년이면 적어도 800만 마리 새가 죽음으로 내몰리고 있습니다. 투명한 고층 빌딩, 방음벽 때문에 새가 자유로이 날아야 할 창공은 어느새 보이지 않는 덫이 됐습니다.

미국에서는 한 해에 약 3억에서 10억 마리 새가 유리창에 부딪혀 목숨을 잃습니다. 오랜 시간 쌓인 통계에 따르면 새가 목숨을 잃는 직접 원인은 첫 번째가 고양이 공격, 두 번째가 유리창 충돌입니다. 2017년부터 국립생태원에서는 전국 규모로 새 유리창 충돌 실태 조사를 실시하고 있습니다. 유리창 충돌로 죽음에 이른 새는 1,000만에서 2,000만 마리로 추정됩니다. 특히 작은 새가 많이 부딪혀 죽고 이는 작은 새를 먹이로 하는 맹금류 개체 수에도 영향을 미칩니다. 우리나라에서 조류 생태계 최상위 포식자는 맹금류가 아니라 유리창이나 투명 방음벽인 셈입니다. 유리창만이 아니라 유리로 마감한 빌딩 외장도 새 충돌 사고를 높이는 데에 일조합니다. 유리가 아닌 투명 재질 역시 마찬가지입니다. 우리나라 도로에 있는 투명 방음벽 어디에서든 새 사체를 만나는 일이 어렵지 않습니다. 설마 그 정도일까 싶었어요. 도무지 믿기지가 않아 한번은 국도를 달리다 갓길에 차를 세우고 투명 방음벽을 살펴봤습니다. 새들이 와서 부딪힌 흔적이 없는 곳을 찾기가 어려울 지경이었습니다. 새가 정면으로 부딪혀서 가슴 깃털까지 구분할 수 있을 정도로 선명하게 자국을 남기기도 했고, 또 어떤 흔적은 머리 부분만 진하게 있기도 했습니다. 높은 방음벽에 부딪히고는 떨어지다 나뭇가지에 걸린 새 사체도 발견했습니다.

높은 곳에서도 정확히 먹잇감을 확인할 수 있을 만큼 시력이 좋은 새가 어째서 방음벽에 자꾸 부딪히는 걸까요? 맹금류를 제외한 대부분의 새 눈은 사람처럼 앞쪽이 아니라 양 옆에 하나씩 있습니다. 그래서 좌우를 넓게 살필 수는 있지만 거리는 잘 파악하지 못해 앞에 있는 방음벽을 쉽게 피하지 못합니다. 그리고 아무리 시력이 좋다 해도 유리를 본다는 건 사실 불가능한 일입니다. 우리가 인식하는 유리라는 것도 실은 창틀이 있기 때문에 그곳에 유리가 있을 거라 짐작할 뿐입니다. 유리에 부딪혀본 경험이 의외로 많다는 사실을 상기해 보면 쉽게 이해할 수 있을 거예요. 투명 방음벽에는 눈에 띄는 프레임도 있는데 그건 왜 또 못 보는 걸까요? 숲으로 날아가는 새를 관찰해 보면 대부분 나무 위로만 날지 않는다는 걸 알수 있어요. 촘촘한 나뭇가지 사이로도 아주 잘 날아다닙니다. 금방이라도 가지에 부딪힐 것처럼 아슬아슬해 보이는데도 굳이 새가 좁은 틈새로 나는 건 최대한 에너지를 적게 소비하면서 목적한 바를 이루기 위해서입니다. 새에게는 날갯짓이 곧 에너지 소비이기 때문이지요. 그러니까 새는 방음벽 프레임을 봤더라도 투명한 부분을 뚫린 공간으로 인식하고 지나가려다 부딪히는 것입니다.

이런 충돌을 방지하는 방법 가운데 하나로 등장한 게 맹금류 모양 스티커인 버드세이버입니다. 포식자인 맹금류 스티커를 창에 붙여서 작은 새가 피해 가게끔 하려는 의도입니다. 아이디어는 좋지만 스티커를 촘촘히 붙이지 않으면 별로 도움이 되지 않습니다. 최근 국립생태원에서는 새가 자외선을 볼 수 있다는 점을 이용해 유리창이나 방음벽에 자외선을 반사하는 불투명 테이프를 붙였더니 충돌 사고가 거의 일어나지 않았습니다. 유리창에 점만 찍어도 새의 목숨을 구할 수 있습니다. 가로세로 10×5센티미터 간격은 새들이 인지하고 피할 수 있는 공간이라고 합니다. 단지 점만 찍어도 목숨을 건질 수 있다면 이 정도는 할 수 있지 않을까요? 창공을 온전히 돌려주지 못한다면 적어도 피할 수는 있도록 조치를 취해 줘야 합니다.

유리창 충돌 사고는 사람 편리만 생각해서 벌어지는 비극입니다. 너른 시야 확보, 빌딩의 미관은 고려했으나 함께 살아가는 생물의 생존권은 고려하지 못한 결과입니다. 투명한 비극은 새와 사람이 함께 살기를 바라는 마음만 있다면 얼마든지 줄일 수 있습니다. 우리가 원하는 세상이 지저귀는 새 소리가 사라진 텅 빈 하늘은 적어도 아니잖아요.

어느 날
달팽이가
내게 왔다

식구들이 모여 앉아 밥을 먹고 있는데 큰아이가 쌈을 싸려던 상추에서 작은 달팽이 한 마리를 발견했습니다. 식구들 눈이 일제히 달팽이에게 쏠렸습니다. 달팽이도 놀랐는지 몸을 웅크렸습니다. 몸길이가 1센티미터나 될까 싶었습니다. 모르고 그냥 상추를 먹었으면 어쩔 뻔 했냐며 우리 모두는 안도했습니다. 작은아이는 다른 상추를 뒤적이며 또 있을지 모를 달팽이를 찾았지만 그 한 마리뿐이었습니다. 유리그릇에다 상추와 함께 달팽이를 옮겨 줬습니다. 혹시나 밖으로 나올까 싶어 구멍을 촘촘히 뚫은 비닐을 고무줄로 단단히 고정시켜 덮어 뒀고요. 상추 사이에 있다가 느닷없이 환한 불빛 아래로 끌려 나온 달팽이는 그릇 속에서 잠시 어리둥절한 듯 보였습니다. 다시 밥을 먹으며 슬쩍 들여다보니 그 사이 안정을 되찾은 건지 더듬이를 내밀고 몸도 길게 주욱 늘이기 시작했습니다. 식탁 위 전등이 너무 밝은 듯해 통풍이 되는 거실 테이블 위로 옮겨 줬습니다. 큰아이가 달팽이를 놔줘야 하는 게 아니냐고 하자 작은아이가 이른 봄인데 바깥에 달팽이가 뜯어 먹을 풀이 있겠냐며 지금 풀어 주는 건 좋은 방법이 아니라 했습니다. 그래서 봄이 완연해지고 풀들이 한껏 자라기 시작할 즈음 풀어 주기로 했습니다. 다음 날 저녁, 큰아이가 그릇 바깥에 붙은 달팽이를 발견했습니다. 어떻게 탈출했는지는 모르지만 바닥에라도 떨어졌다면 어떻게 됐을까 싶어 아찔했습니다. 아이는 달팽이를 그릇 안에 다시 넣고 한참을 들여다보더니 달팽이한테 왠지 미안하다고 했습니다. 겨우내 비닐하우스 채소밭에서 싱싱한 먹이를 양껏 먹고 마음껏 돌아다녔을 텐데 이제는 좁은 그릇에 갇힌 게 안타까웠던 모양입니다.

꽤 오래전 식용 달팽이를 얻어 와 어른 주먹만 해질 때까지 키운 적이 있습니다. 갓 부화한 새끼 달팽이는 거의 투명한 흰색이었습니다. 곧 여름휴가를 떠나야 해서 달팽이들도 함께 데리고 갔습니다. 그런데 휴가지에 도착해서 일이 벌어졌습니다. 짐을 풀고 근처 숲을 둘러본 뒤 숙소로 돌아왔을 때 달팽이가 있어야 할 통이 텅 비어 있었습니다. 달팽이를 담아 온 통 뚜껑이 제대로 닫히질 않았던지 죄다 탈출해 버린 거였습니다. 워낙 작아 눈에 잘 띄지도 않으니 아이들은 혹시 자기들이 밟지나 않았을까 싶은 마음에 발바닥을 확인하며 울먹였습니다. 바닥과 벽에서 찾아낸 게 겨우 일고여덟 마리였습니다. 집에서 데려온 게 스무 마리 가까이였으니 절반도 찾지 못했습니다. 실망하는 아이들에게 근처가 온통 숲이니 달팽이들이 무사히 숲으로 갔을 거라며 오히려 다행이라고 달랬습니다. 식용 달팽이가 숲에서 과연 살 수 있을지, 혹여 우리가 생태계에 부담을 준 건 아닌지 하는 걱정은 차마 말하지 못했습니다. 아이들은 남은 달팽이들을 더욱 애지중지 보살폈고 무사히 집으로 데려올 수 있었습니다. 달팽이가 자라면서 몇몇은 중간에 또 탈출하는 등 우여곡절을 겪었고, 결국 어른 달팽이가 될 때까지 함께 지낸 건 세 마리뿐이었습니다.

밤에 책을 읽다 보면 어디선가 부스럭거리는 소리가 자주 들렸습니다. 한참을 무슨 소리인지 모르다가 나중에야 야행성 달팽이가 치설로 채소를 갉아 먹는 소리라는 걸 알았습니다. 소리의 진원지를 알게 된 날 달팽이에 대해 아는 게 별로 없다는 걸 깨달았습니다. 책을 찾아 읽으며 달팽이와 함께 살아가는 구성원으로서 알아 두면 유익할 내용을 제법 배웠습니다. 달팽이집은 상처를 입거나 부서져도 금세 회복합니다. 흙은 매우 중요한 먹이며 달팽이집을 만들고 상처를 회복하는 데에도 꼭 필요합니다. 달팽이는 힘든 환경에 놓이면 잠을 자며 때를 기다립니다. 겨울에는 집 입구에 벽을 차곡차곡 쌓으며 점점 안쪽으로 들어가 겨울잠을 잡니다.

　　큰아이는 달팽이와 점점 정이 붙는지 풀이 무성한 계절이 와도 내보낼 생각이 딱히 없는 것 같았습니다. 이따금 화분에 달팽이를 놓고는 자유를 느끼게 했습니다. 좀 더 과감해지더니 어느 날은 밤에 아예 화분 위에 올려 두고 다음날 아침에 다시 그릇에 넣어 두기도 했습니다. 깜깜한 실내에 혹시라도 화분 아래로 내려온다면 밟힐지 모른다고 일러줬습니다. 며칠 뒤였습니다. 식구 중 가장 먼저 일어난 저는 습관적으로 달팽이가 있는 곳으로 갔습니다. 보이지 않았습니다. 화분에 또 풀어놓은 건가 싶어 찾아봤지만 보이지 않았습니다. 이따금 그러듯 그릇을 빠져나와 어딘가 있을 것 같아 조심스레 그 일대를 찾기 시작했습니다. 그릇이 놓인 테이블 위 물건들을 치우며 살피는데 어디에도 없었습니다. 달팽이를 찾느라 옮겨 놓은 책을 제자리에 두려는데 그 아래에 달팽이가 있었습니다, 책에 깔린 채로. 순간 얼마나 놀랐는지 손이 달달 떨렸습니다. 집은 완전히 바스라졌고 달팽이 몸에서 물기가 약간 묻어 나와 있었습니다. 테이프 되감듯 이전 상황으로 되돌리고 싶은 마음뿐이었습니다.

미안하다는 말을 몇 번이나 되뇌었지만 그건 달팽이에게가 아니라 내 마음을 진정시키기 위함이었습니다. 무거운 내 마음을 덜어 내기 위함이었습니다. 그러다 문득 내가 의도하지 않았고 끝내 몰랐을 이런 일들이 얼마나 많았을까를 생각했습니다. 아주 오래전에 나타나 지구에 해를 끼치기는커녕 생명의 그물 한 코를 짰을 수많은 생명을 생각했습니다. 이 작은 존재가 우리에게로 와 짧은 삶을 사는 동안 제게 많은 생각 거리를 던져 줬습니다. 그렇게 달팽이는 떠났지만 동시에 제게로 왔습니다.

빗물을 모아
더위를 식히다

염천에 떠오르는 풍경 하나가 있어요. 마당가 풀들이 축축 늘어지고 매미 울음소리마저 더위가 삼켜 버린 날이면 뙤약볕 아래 달궈진 마당이며 담벼락 그리고 골목길 어귀까지 물을 뿌리곤 하시던 아버지 모습입니다. 아버지가 호스로 물을 뿌리시는 틈바구니에 저도 슬쩍 끼어 시원한 물세례를 받곤 했거든요. 대문간에 있던 진돗개 진수도 꼬리를 흔들며 낑낑댔고 결국 물세례에 합류할 수 있었지요. 진수가 물기를 온몸으로 털기 전에 얼른 저만치 피해 달아나야 했으나 저는 매번 그 시기를 놓치고는 내키지 않는 물세례를 덤으로 받아야 했습니다. 젖은 옷이 마르는 동안 더위는 잊었고요. 어쩌면 은근히 그걸 즐겼는지도 모를 일입니다.

어느 날 혼자 집을 지키고 있었는데 더위가 심했는지는 기억에 잘 없어요. 다만 저는 아버지가 하시던 걸 흉내 내기로 했습니다. 수도꼭지를 틀자 돌돌 말려 있던 호스를 타고 물이 움직이기 시작했어요. 호스를 들고 담벼락을 향했지요. 장난기가 발동한 저는 하얀 도화지처럼 바싹 마른 담에다 대고 이런저런 그림과 글씨를 그리며 한참을 놀았던 것 같아요. 어느새 담은 물을 완전히 뒤집

어쓰고 진회색으로 변했습니다. 그날 퇴근하신 아버지는 저를 칭찬해 주셨습니다. 시키지 않아도 물청소를 해 놓았다면서 말이에요. 장난이 뜻하지 않게 칭찬으로 바뀌자 저는 토요일이면 이르게 귀가하시는 아버지 퇴근 시간에 맞춰 마당이며 담벼락에 물을 뿌리곤 했습니다. 뜨거운 열기가 가시는 시원함 때문이었는지 마른 담벼락에 각양각색 물 그림을 그리는 놀이 때문이었는지 어쩌면 아버지에게 칭찬받고 싶은 마음 때문이었는지 아무튼 열심히 물을 뿌리곤 했던 기억이 납니다. 때로 아버지 귀가 시간이 예정보다 늦어지면 그 사이 담벼락은 다 말라 갔지만 마당에 깔아 놓은 보도블록 사이사이로 흙이 물과 만나면서 나던 물 냄새인지 흙냄새인지를 아버지는 대번에 알아보셨어요. 대문을 열고 들어서시며 누가 이런 기특한 일을 했느냐며 저를 찾으셨고 저는 기다리던 바로 그 시간을 행복하게 맞았던 기억이 떠오릅니다.

물을 뿌려 시원하게 만드는 일은 아버지만의 독창적인 방법이 아니라 시원한 여름을 나는 오랜 지혜며 과학입니다. 여름에 물을 뿌리면 물이 증발하면서 주위 열을 흡수하는 기화열 때문에 실제로 섭씨 2도 정도 온도가 내려갑니다. 일본에도 '우치미즈'라 불리는 지혜로운 전통이 있어요. 더운 여름날이면 마을의 어른 아이 할 것 없이 모두 나와 같은 시간에 바가지나 물동이를 이용해 길에다 물을 뿌립니다. 마을 사람들이 합심해서 마을의 최고 온도를 낮추는 방법인 거지요. 최근 지구 온난화 대책으로 우치미즈가 새롭게 각광 받고 있습니다. 물을 뿌려 열기를 식히는 일 자체는 환영할 만한 일이나 어떤 물을 이용하느냐에 따라 환영 정도는 다를 듯합니다. 기껏 비싼 에너지를 들여 정수한 수돗물을 도로에 뿌리는 일은 여러 가지로 낭비니까요.

2016년 8월에 환경계 노벨상이라 불리는 골드만상 수상자인 슬로바키아 NGO '사람과 물'의 미카엘 크라빅 회장이 방한했습니다. 서울시가 주최한 빗물축제에 초대받아서 온 그는 폭염에 시달리는 우리에게 '오늘날 폭염의 원인이 바로 빗물 낭비' 때문이라는 좀 생소한 조언을 했습니다. 어딘가 물이 있다면 그 물이 더운 날 기화하면서 뜨거운 열기를 가져가 폭염은 피할 수 있을 거란 뜻이지요. 도시를 둘러보면 물이 있을 곳이 별로 없습니다. 도시에 숲이나 나무가 드물고 대부분 콘크리트와 아스팔트로 뒤덮여 있으니 비가 내려도 스며들 곳이 없어요. 하수구를 타고 빗물은 곧장 강을 거쳐 바다로 흘러가 버립니다. 여름에 비다운 비가 거의 내리지 않았던 것과 폭염, 열대야는 밀접한 관련이 있다는 말입니다.

가물다가 쏟아질 땐 한꺼번에 물 폭탄이 됩니다. 이럴 때 빗물을 받아 두면 여러 가지로 이득이 많습니다. 한꺼번에 쏟아지는 빗물은 홍수를 유발하지만 그 물을 받아 두고 필요할 때 적절히 쓰면 홍수 예방이 가능합니다. 도심 빌딩마다 있는 옥상에 녹화를 하면 자연히 빗물을 가둘 수 있어서 '녹색 댐' 역할을 하게 되고요. 옥상이 푸르면 도시의 열섬 현상도 줄어들게 될 겁니다. 건물마다 빗물을 담아 두는 빗물 저장 시설이 있다면 도시의 폭우 피해를 대폭 줄일 수 있습니다. 한 가지 더, 도로든 인도든 빗물이 투과할 수 있도록 시설을 만든다면 어떨까요? 빗물이 땅으로 스며들도록 한다면 갑자기 쓸려 내려가는 물 양을 조절할 수 있고요. 그렇게 도로나 아스팔트를 관통해서 내려간 빗물은 가로수에게도 요긴한 물이 될 겁니다.

어린 시절을 다시 떠올려 보니 그 시절에는 집집마다 홈통이 있었어요. 비가 쏟아지는 날은 바깥에서 돌아온 사람들이 그 홈통에다 발을 씻었던 기억도 납니다. 만약 빗물 활용에 일찍 눈을 떴더라면 홈통 빗물을 잘 받아뒀다가 그 물을 더울 때 수돗물 대신 뿌려도 좋았겠다 싶습니다. 빗물의 가치를 미처 몰랐거나 빗물을 받고 관리해야 하는 번거로움 대신 수도꼭지만 틀면 나오는 물을 택했는지도 모르겠습니다. 편리함을 누린 대가는 고통의 모습을 하고 편리함을 누린 이에게 결국 찾아옵니다.

물은
물이 있어야 할
곳에

도시에 봄소식을 알려 주는 건 뭘까 생각해 봅니다. 봄나물은 비닐하우스에서 겨울 내내 재배가 되니 봄소식일 수 없습니다. 제 생각에는 고로쇠 수액이 아닐까 싶습니다. '고로쇠 수액 판매'라는 광고 문구가 마트며 백화점에서 '봄이 왔어요'로 읽히니 낭만과는 거리가 멀지만 고로쇠라는 글자를 만나면 역시나 봄은 봄입니다. 고로쇠나무는 어떻게 생겼는지 몰라도 초록색 고로쇠 수액 통을 아는 사람은 제법 있을 것 같습니다. 이 나라 숲에 고로쇠나무가 부쩍 많아진 걸까요? 대체 이토록 많은 수액이 어떻게 도시 마트 한쪽에 쌓여 있을까요?

제가 고로쇠나무를 처음 본 건 십수 년 전, 나무를 막 공부하기 시작할 무렵 초겨울이었습니다. 실제 숲에서 본 나무와 도감에서 봤던 나무를 확인하며 하나씩 이름을 알아 가던 때였습니다. 겨울이어서 가지만 앙상한 나무를 쳐다보며 무슨 나무인지 아무리 알고자 해도 도무지 알 수 없어서 고개를 숙이는 순간 나무 아래 떨어진 잎이 눈에 들어왔습니다. 손가락에 힘이 조금만 들어가도 바스러질 듯 마른 잎사귀를 조심스레 손바닥에 올려놓고 살폈습니다. 옆에서 같이 나무를 살피던 친구는 단박에 알겠다며 단풍나무과라고 힌트를 줬습니다. 잎 가장자리에 톱니도 없고 잎은 일곱 갈래로 아주 살짝 갈라졌을 뿐인데 단풍나무과라니 제 머릿속은 더 복잡해졌습니다. 혼란스러운 만큼 궁금증도 커져 잎사귀 생김새를 잘 기억하고 집에 돌아와 찾아보니 고로쇠나무였습니다. 이름이 독특하다 싶어 보니 뼈에 이로운 나무라는 뜻인 골리수骨利樹에서 고로쇠가 됐다고 합니다. 사람에게 유용한 나무라 이런 이름이 붙은 걸 알고 나니 이 나무의 수난사가 그려졌습니다.

이른 봄, 나무에 물이 오르기 시작하면 이 산 저 산에 있는 고로쇠나무는 마치 링거를 꽂은 병든 환자 모습으로 바뀝니다. 나무에 꽂힌 호스는 길게 산 아래로 이어지다가 커다란 통에 이르러서야 끝이 납니다. 한 나무에 호스가 몇 개씩 꽂힌 꼴을 보는 일은 말 그대로 고통입니다. 먹을 게 귀하고 약초가 의사와 약사를 대신하던 시대라면 이해가 갑니다. 그렇게 자연에 기대어 서로 도움을 주고받는 관계라면 좀 덜 주고 좀 더 받는다고 해서 문제될 게 없습니다. 그런데 일방적인 착취라면 이야기가 달라집니다. 이미 우리는 영양 과잉 시대에 살고 있습니다. 약이 얼마나 넘쳐 나는데 굳이 고로쇠 수액까지 꺼내 마셔야 할까요? 가뜩이나 해마다 가뭄이 이어지는데 어쩌자고 우리는 나무 수액마저 강탈하는 걸까요? 고로쇠 수액이 가야 할 곳은 마트나 백화점이 아닙니다. 겨우내 목말랐을 나무가 날이 풀리면서 빨아올린 물은 나뭇가지를 지나 잎눈이며 꽃눈으로 가야 합니다.

• 물 이야기 둘

지구의 가장 바깥은 암석으로 이뤄진 지각으로 덮여 있습니다. 비와 눈이 녹은 물이 흙 속으로 스며들며 이 암석층에 흐르는데 이 물이 바로 지하수입니다. 상수도 시설이 도입되기 이전에는 모두가 이 지하수를 이용해서 살았습니다. 땅을 파 우물을 만들고 그 물을 동네 사람이 공동으로 사용했습니다. 그런데 최근 이런 지하수 신호등에 빨간 불이 켜졌습니다. 상수도 시설이 다 갖춰진 도시에서는 수돗물보다 정수기 물이나 생수를 더 신뢰합니다. 생수 회사는 지하수를 취수하려고 관정을 점점 더 늘리는 추세입니다. 가뜩이나 가문 데다 생수 회사의 취수까지 더해지니 지하수가 부족해지는 건 당연한 귀결인 것 같습니다. 이러다 보니 상수도 시설이 없거나 지하수를 이용해서 농사를 지어야 하는 지역 주민들은 물 부족에 시달리고 있습니다. 지하수 고갈이 생수 취수를 위한 관정 때문이라며 생수 공장이 있는 지역에서는 생수 회사를 상대로 소송을 벌이는 일도 빈번해지고 있습니다.

제주는 물 빠짐이 좋고 강수량도 풍부해서 빗물이 땅속으로 잘 스며들어 지하수가 육지보다 풍부합니다. 암반층을 흐르는 물로 유명한 생수 회사까지 있지요. 그런데 최근 이런 제주가 반건조 상태에 접어들었다는 진단을 받았습니다. 몇 년 사이 가뭄으로 물 유입이 줄어들기도 했지만 지나친 개발로 물길 자체가 끊기고, 급격히 증가한 주민, 관광객 수로 물 사용량이 늘어난 점도 원인입니다. 그리고 중산간에 위치한 축산 농가에서 나오는 가축 분뇨나 비료와 농약 등으로 지하수가 오염됐다는 연구 결과도 나오고 있습니다. 수량은 점점 부족해지는데 그 물이 오염까지 된다면 결국 피해는 그곳에 사는 사람들에게 돌아갈 수밖에 없습니다.

지구에 생명체가 살 수 있는 건 물이 있기 때문이

라는 사실은 누구나 압니다. 물 가운데서도 지하수는 지구 곳곳에 퍼진 실핏줄 같습니다. 실핏줄이 잘 돌아야 지구가 건강하며 지구에 깃들어 사는 우리도 건강할 수 있습니다.

• 물 이야기 셋

갯벌은 농게, 망둑어, 맛조개, 칠면초, 퉁퉁마디 같은 다양한 생물의 삶터이며, 오가는 새와 갯벌에 기대어 사는 사람들의 삶을 품어 줍니다. 육지에서 바다로 흘러드는 물을 깨끗하게 걸러 주니 갯벌에서 멀리 떨어져 사는 이들마저도 품어 주는군요. 넓은 갯벌은 바다와 육지 사이 완충 지대로서 연안 지역을 지킵니다. 이뿐 아닙니다. 바다가 이산화탄소를 흡수하는 비율은 숲과 맞먹을 정도입니다. 특히 연안에 서식하는 식물과 퇴적물을 포함한 해양 생태계가 흡수하는 탄소를 블루카본이라고 합니다.

한때 이 나라를 떠들썩하게 했던 새만금 간척 사업은 드넓은 갯벌을 새로운 김제, 만경 평야로 만드는 걸 목표로 했습니다. 멀쩡하던 갯벌에다 그때까지 세계 최장

방조제였던 네덜란드 주다치 방조제보다 1.4킬로미터나 더 긴 방조제를 쌓아 물을 막았습니다. 그로써 생긴 간척지는 서울시 면적의 2/3에 이릅니다. 중국과 우리나라 서해안이 공유하는 황해 연안에서는 지난 50년 동안에 갯벌 약 66퍼센트가 사라졌는데도 여전히 서해안 곳곳에서는 갯벌 매립 계획이 있습니다. 농지를 만든다는 명분으로 간척하지만 정작 논농사나 밭농사를 짓던 농지에는 아파트, 공장 등을 건설하면서 용도가 뒤바뀝니다. 조삼모사가 떠오릅니다.

새만금 간척으로 전라북도 군산시, 김제시, 부안군의 지도가 바뀌었고 그곳에 살던 무수한 생명의 삶이 끝장났습니다. 새만금 갯벌이 사라지고 나서 호주에 살던 철새 개체 수가 눈에 띄게 줄었습니다. 전 세계 철새 이동 경로는 크게 9개이며, 그 가운데 호주에서 시베리아와 알래스카를 오가는 동아시아-대양주 경로EAAF에서 서해안 갯벌은 철새가 먹이를 조달하는 주요 지점입니다. 최근 조사에 따르면 이 경로를 오가는 도요·물떼새 대부분의 개체 수가 크게 감소했으며, 특히 붉은어깨도요나 큰뒷부리도요처럼 황해에서 서식 의존도가 높은 종이 급격히 사라졌습니다.

루이스 멈퍼드의 『인간의 전환』에 따르면 원시인은 자신을 둘러싼 세계와의 통일감으로 삶을 이어 갔습니다. 자연은 인간적이었고 인간은 자연적이었던 시간입니다. 애당초 우리 인간에게 욕망이 없었다면 어땠을까 하는 부질없는 생각을 가끔 합니다. 씨를 말려 버리고 존재가 사라진 뒤에야 비로소 그 허황됨을 깨닫는 일이 어디 명태, 대구뿐일까요? 소리 없이 우리 곁에 있다가 영원히 사라진 무수한 생명을 생각하면 내가 그들과 함께했던 태초의 시간이 떠올라 마음 한편이 아릿합니다. 수많은 생명의 삶터를 함부로 바꾸고 망가뜨리며 조화와 균형을 깨트린 이 모든 비극은 늘 욕망에서 비롯됐다는 걸 우리는 정말 알기는 하는 걸까요? 언제까지 자연은 우리의 개수대이고 하수구여야만 할까요? 중국은 연안 습지를 보전하고자 중국 내 모든 간척 사업을 중단하고 연안 습지를 보호하겠다고 선언했습니다. 갯벌은 갯벌이어야 하고 물은 자연스레 드나들어야 한다는 걸 이제는 우리도 진심으로 깨달아야 하지 않을까요?

평균 수심 5미터, 면적 325제곱킬로미터, 서울 절반 크기에 가까운 거대한 호수가 사라졌습니다. 5년 전까지만 해도 호수와 그 주변은 생명으로 북적였고 지도에는 여전히 파란 물빛이 찰랑거리는데 말입니다. 몽골 울란 호수 이야기입니다. 5년 만에 호수를 찾은 사람들은 마치 귀신에 홀린 듯 호수가 있어야 할 곳이라 생각한 주변을 몇 바퀴 헤매다가 GPS로 위치를 확인한 뒤에야 호수가 사라진 사실을 알았습니다. 몽골에서는 지난 20년 동안 호수 1,166개와 강 887개, 샘 2,096개가 사라졌습니다.

자동차 바퀴가 지나간 자리에 고인 물을 마시는 아이가 있습니다. 물을 찾아 6시간을 헤맨 끝에 겨우 발견한 물은 흙탕물이었습니다. 집으로 가져갈 노란 고무 통에 흙탕물을 퍼 담으면서 아이는 컵으로 계속 물을 마셨습니다. 극심한 가뭄으로 힘든 나날을 보내는 아프리카 케냐 와지르 이야기입니다. 물이 부족하니 키우던 가축이 죽어 나가고 끼니조차 잇기 힘들어 갓난아이, 어린 아이 할 것 없이 영양실조로 내몰렸고, 이런 상황 때문에 2011년에는 26만 명이 숨졌습니다. 와지르는 아프리카

동북부 지역에 거주하는 보라나족 언어에서 유래한 말로 '함께 모이다'라는 뜻입니다. 과거에 얕은 우물이 많았던 이곳에 유목민이 모여 가축에게 물을 먹였던 것에서 유래한 지명입니다. 그러니 물이 본래부터 부족한 땅은 아니지요. 케냐를 비롯해 소말리아, 남수단, 예멘 4개 국가 2,000만 명 이상이 물 부족 상황에 처해 있으며, 유엔은 이를 두고 2차 세계 대전이 끝난 1945년 이후 최악의 인도주의적 위기라고 경고했습니다.

황량한 몽골에 숲이 있어야 물이 마르지 않는다는 이치를 간파한 몽골 간단사 주지 스님은 어느 새해 법문으로 "한 그루 나무를 심으면 천 개의 복이 온다"는 속담을 꺼냈습니다. 그러자 유목민들은 베어야 하는 걸로만 여겼던 나무를 심기 시작했고, 나무를 심은 땅 그만큼 생태계가 살아나기 시작했습니다. 천 개의 복은 어쩌면 하나의 지혜에서 오는 걸지도 모를 일입니다.

• 물 이야기 다섯

'물 쓰듯 하다'는 표현은 조만간 사라질 듯합니다. 30년 전부터 물은 금융 상품이 됐어요. 흔하디흔한 물이 이제 '푸른 석유'가 된 겁니다. 지구상 모든 가치의 기준이 석유였다가 이제 물로 옮겨 가고 있습니다. 다큐멘터리 〈푸른 석유 Lords of Water〉는 물 금융화를 옹호하는 쪽과 기본권으로서 물을 바라보는 쪽 사이의 투쟁을 기록했습니다. 이 다큐멘터리에는 물이 더 이상 물이 아닌 금이고 석유가 된 사연이 나옵니다. 날로 인구는 증가하고 농업도 확산되는 추세인데 갈수록 심해지는 환경 오염과 기후 위기로 물을 구하기가 점점 더 어려워지고 있어요. 육상 빙하가 빠르게 녹아내리고 빈번하게 가뭄이 찾아오니 물 수요는 전 세계에서 급증할 수밖에 없지요. 2050년쯤 되면 전 세계 인구 중 적어도 25퍼센트는 물 부족 국가에 살게 될 거라고 해요. 이걸 경제의 눈으로 보면 새로운 시장이 열린 겁니다. 물 시장은 수십 억 유로를 투자하며 공격적인 경영을 하는 금융 거물들의 탐욕을 불러일으키기에 충분하지요. 골드만 삭스 Goldman Sachs, 알리안츠 Allianz, 도이체방크 Deutsche Bank, 홍콩상하이은행 HSBC 같은 금융 그룹들이 투자 펀드, 헤지 펀드로 물 시장에 뛰어들고 있습니다.

영국에서는 대처 수상 때 물을 민영화했어요. 카메

라는 영국의 어느 지역을 비춥니다. 사람들이 물을 받아 갈 통을 들고 길게 줄을 서 있어요. 물 값을 미처 내지 못하자 물 공급이 끊겨서 물 배급을 받으러 나온 시민을 인터뷰합니다. "거지가 된 것 같아요." 이 한마디가 주는 메시지가 결코 가볍지 않습니다. 인간의 존엄성을 박탈당하면서 입은 상처가 느껴지니까요. 우리나라도 한때 수도 민영화 바람이 거세게 불었지요. 영국 사람들은 지금 수도 민영화를 후회하고 있을까요? 적어도 화면에 비친 사람들 모습을 보면 그런 것 같아요. 그런데 말이지요. 어떻게 물을 베팅할 수 있는 금융 상품으로 허용할 수 있나요? 생명 가진 무엇도 물 없이 살 수 없는데 말이지요. 물은 기본권입니다. 이 귀한 자원을 금융 세계로부터 보호하고자 '물은 손댈 수 없는 것'으로 선언해야 하지 않을까요?

착한
소비는
없다

펴낸날	2020년 10월 19일 초판 1쇄
	2024년 4월 8일 초판 10쇄
지은이	최원형

펴낸이	조영권
만든이	노인향
꾸민이	ALL contents group

펴낸곳	자연과생태
등록	2007년 11월 2일(제2022-000115호)
주소	경기도 파주시 광인사길 91, 2층
전화	031-955-1607 팩스 0503-8379-2657
이메일	econature@naver.com
블로그	blog.naver.com/econature

ISBN   979-11-6450-015-4 03330

최원형 ⓒ 2020